KB240558

생각이 많은 사람을 위한 심리학 수업

머릿속이 복잡한 당신에게 꼭 해주고 싶은 이야기

생각이 많은 사람을 위한 심리학 수업

김민식 지음

다온길

프롤로그

생각이 많다는 건, 이상한 게 아니다

아무 일이 없는데도 머릿속이 바쁜 날이 있다. 해야 할 일은 끝났고 특별히 걱정할 것도 없는데, 생각은 혼자서 계속 말을 건다. 이미 지나간 대화가 다시 떠오르고, 하지 않아도 될 걱정이 괜히 커지며, 내일의 일까지 미리 당겨와 머릿속에 올려놓는다. 그럴 때 사람들은 흔히 "생각을 좀 줄여야지"라고 말하지만, 생각이 많아지는 건 의지가 약해서가 아니라 마음이 계속 반응하고 있기 때문이다.

사람들 앞에 서면 생각은 더 복잡해진다. 혼자 있을 때는 괜찮다가도 회의실에 들어가면 말이 줄고, 가까운 사람 앞에서는 괜히 예민해지며, 하루를 잘 보낸 것 같은데 밤이 되면 생각이 몰려온다. 우리는 상황마다 다른 얼굴로 살아가고 있고, 그만큼 정리되지 않은 감정들이 마음속에 남아 있다. 그래서 생각이 많다는 건 성격의 문제가 아니라, 오히려 삶에 계속 반응하며 살아가고 있다는 증거에 가깝다.

여기서는 심리학을 잘 아는 사람이 되기 위해 애쓰지 않는다. 또한 나를 분석해서 고쳐야 한다는 전제도 두지 않는다. 대신 설명하지 못해 답답했던 마음에 이름을 하나씩 붙여보는 쪽을 택한다. 이유 없이 불안해진 순간, 괜히 예민해졌던 장면, 혼자 있을 때보다 사람 앞에서 더 피곤해졌던 이유들이 조금씩 연결된다. 그렇게 생각을 이해하는 순간, 우리는 비로소 생각과 싸우지 않아도 된다는 걸 알게 된다.

　장 끝에서는 이 마음을 먼저 고민했던 사람의 시선을 잠시 빌려본다. 그 시선은 정답을 알려주기보다는, 우리가 느끼고 있던 감정을 조금 다른 말로 정리해준다. 복잡했던 생각이 틀렸다고 말하지 않고, 그렇게 흘러온 이유를 가만히 짚어주는 정도다.

　생각이 많다는 이유로 잠시 멈춰 서 있다면, 이미 충분히 잘 살아오고 있다는 뜻이다. 더 나아지라고 재촉하기보다, 다만 지금의 생각이 어디에서 시작되었고 어떤 과정을 거쳐 여기까지 왔는지를 함께 천천히 따라가 본다. 그 정도의 이해만으로도 머릿속은 생각보다 조금 조용해질 수 있다.

김민식

차 례

3장 왜 우리는 자꾸 남들과 나를 비교할까

4장 관계가 시작되면 생각은 왜 더 복잡해질까

7장 상황이 힘들어도 마음이 완전히 무너지지 않는 이유

8장 우리는 왜 자꾸 잘못된 생각을 믿을까

1장

생각은 왜
가만히 있어도 계속 이어질까

01

아무 일도 없는데
머릿속이 바쁜 이유

아무 일이 없는데도 머릿속이 유난히 바쁜 날이 있다. 하루를 돌아보면 특별히 힘든 사건도 없었고, 해야 할 일도 무난하게 끝난 편인데 마음은 쉬지 않고 움직인다. 가만히 앉아 있는데도 생각이 이어지고, 괜히 피곤한 느낌이 따라온다. 쉬고 있는 시간인데도 제대로 쉬고 있다는 생각이 들지 않아 스스로를 이해하기 어려워진다. 하지만 이런 순간은 이상한 예외라기보다, 많은 사람들이 일상에서 반복해서 겪는 장면에 가깝다.

몸이 멈추면 마음이 뒤늦게 따라오는 경우도 있다

우리는 보통 몸이 쉬면 마음도 함께 쉬어야 한다고 생각한다. 그래서 아무 일정도 없는 시간에 생각이 많아지면, 제대로 쉬지 못하고 있다고 느낀다. 하지만 실제로는 몸이 멈춘 뒤에야 마음이 움직이기 시작하는 경우도 많다. 하루 종일 일정에 맞춰 움직이고, 해야 할 일에 집중하며 보낸 뒤에는 마음을 돌아볼 여유가 거의 없다. 그동안 떠오른 감정이나 생각은 대충 넘기거나 나중으로 미뤄둔다. 그러다 움직임이 멈추는 순간, 마음은 이제야 자신이 들고 있던 이야기들을 꺼내기 시작한다. 그래서 아무 일도 없는데 머릿속이 바빠지는 경험은, 마음이 늦게 도착한 결과일 수도 있다.

한가한 시간은 마음에게 낯선 공간이다

일정이 빽빽할 때는 시간이 부족하다고 느끼지만, 막상 시간이 비어 있으면 그 여백이 불편하게 느껴질 때도 있다. 주말 오후나 하루를 일찍 마친 저녁처럼 특별한 계획이 없는 시간이 그렇다. 처음에는 편안함을 기대하지만, 시간이 조금 지나면 마음이 가만히 있지 못하고 생각을 꺼내기 시작한다. 이미 끝난 대화가 다시 떠오르고, 굳이 지금 하지 않아도 될 걱정이 커진다. 이 여백은 마음에게 익숙한 공간이 아니어서, 마음은 그동안 미뤄두었던 생각들로 그 자리를 채우려 한다. 그래서 한가함이 반드시 편안함으로 이어지지 않는 순간도 충분히 있을 수 있다.

생각은 갑자기 생기는 것이 아니라 이어져 온다

머릿속이 바쁠 때 우리는 종종 "왜 갑자기 이런 생각을 하지"라고 느낀다. 하지만 대부분의 생각은 갑작스럽게 만들어진 것이 아니다. 이미 마음속 어딘가에 남아 있던 감정과 기억이 이어져 나온 경우가 많다. 당시에는 별일 아니라고 넘겼고, 바쁘다는 이유로 깊이 들여다

보지 않았지만, 완전히 정리된 것은 아니다. 마음은 정리되지 않은 상태의 이야기를 계속 듣고 있다가 조용해진 순간 그것을 다시 꺼낸다. 그래서 아무 일도 없는데 생각이 많아지는 시간은, 마음이 스스로를 정리하려는 과정일 수 있다. 이 과정이 불편하게 느껴지는 것도 자연스러운 일이다.

아주 작은 자극이 생각의 흐름을 키운다

생각은 큰 사건이 없어도 이어질 수 있다. 무심코 들은 노래 한 소절, SNS에서 스쳐 지나간 문장, 길에서 본 낯선 장면 하나가 마음속에 남아 있던 기억을 건드린다. 겉으로 보기에는 사소한 자극이지만, 마음속에서는 여러 생각이 연결되며 하나의 흐름을 만든다. 그래서 "왜 하필 지금 이런 생각이 떠오르지"라는 질문에는 뚜렷한 하나의 이유가 없을 때도 많다. 생각은 갑자기 튀어나온 점처럼 보이지만, 실제로는 이미 이어져 오던 선이 조금 더 또렷해진 결과일 수 있다.

머릿속이 바쁜 날을 실패로 해석하지 않아도 된다

아무 일도 없는데 머릿속이 바쁜 날을 실패한 휴식처럼 여길 필요는 없다. 우리가 기대한 쉼의 모습과 다를 뿐, 마음은 나름의 방식으로 움직이고 있다. 생각을 억지로 멈추려 하거나, 왜 이렇게 복잡한지 스스로를 탓할수록 마음은 더 긴장할 수 있다. 오히려 지금 마음이 무엇을 정리하려는 중인지 가볍게 바라보는 편이 덜 지치게 만든다. 생각이 많아지는 순간은 우리가 무언가를 잘못해서 생긴 문제가 아니라, 마음이 아직 반응하고 있다는 신호일지도 모른다. 그렇게 바라보면, 머릿속이 바쁜 시간은 이전보다 조금 덜 부담스럽게 느껴질 수 있다.

아무 일도 없는데 생각이 많아지는 시간은, 우리가 멈춰 있는 동안 마음이 자신만의 속도로 따라오는 순간일 수 있다. 그 흐름을 억지로 끊으려 하기보다, 잠시 그대로 두는 선택도 가능하다. 생각이 많다는 사실을 문제로 삼지 않고, 마음이 움직이고 있다는 신호로 받아들이는 것만으로도 생각의 무게는 조금 달라질 수 있다. 완전히 조용해지지는 않더라도, 적어도 생각과 싸우지 않아도 되는 상태에 가까워질 수 있다.

02

원하지 않는 생각이
더 자주 떠오르는 순간

가끔은 굳이 떠올리고 싶지 않은 생각이 더 자주 떠오를 때가 있다. 이미 지나간 일인데 다시 생각나고, 애써 잊으려 했던 장면이 아무렇지 않은 순간에 불쑥 고개를 든다. 지금은 괜찮다고 생각했는데, 마음은 전혀 다른 방향으로 움직인다. 그럴 때 우리는 스스로에게 묻게 된다. 왜 하필 이런 생각만 자꾸 떠오를까 하고. 하지만 원하지 않는 생각이 반복해서 떠오르는 경험은, 특별히 마음이 약해서 생기는 일이라기보다 많은 사람들이 공통적으로 겪는 과정에 가깝다.

생각을 밀어낼수록 더 또렷해질 때가 있다

원하지 않는 생각이 떠오를 때 우리가 가장 먼저 하는 일은 그것을 없애려는 시도다. 일부러 다른 생각을 하거나, 괜히 바쁜 일을 만들어 머리를 채운다. 하지만 그렇게 할수록 그 생각은 더 또렷해지는 것처럼 느껴질 때가 있다. 생각을 하지 말아야겠다고 의식하는 순간,

우리는 이미 그 생각을 중심에 두고 있기 때문이다. 마음은 "하지 말아야 할 생각"을 "중요한 생각"으로 받아들이고, 오히려 더 자주 꺼내 보게 된다. 그래서 원하지 않는 생각이 반복되는 순간은, 우리가 그 생각을 붙잡고 있어서라기보다 놓으려 애쓰는 과정에서 더 자주 마주치게 되는 것일 수 있다.

불편한 생각은 아직 끝나지 않은 이야기다

자꾸 떠오르는 생각에는 공통점이 있다. 대부분 아직 마음속에서 정리되지 않은 이야기라는 점이다. 이미 끝난 일처럼 보이지만, 마음은 그 일을 완전히 지나보내지 못한 상태일 수 있다. 그때 느꼈던 감정이 충분히 다뤄지지 않았거나, 말로 표현되지 못한 채 남아 있었을 가능성도 있다. 그래서 원하지 않는 생각은 지금의 상황과 상관없이 다시 떠오른다. 그것은 괜히 마음을 괴롭히기 위해서가 아니라, 아직 정리되지 않았다는 신호를 보내는 방식일 수 있다.

조용해질수록 생각은 더 선명해진다

하루가 바쁘게 흘러갈 때는 원하지 않는 생각이 떠올라도 금세 다른 일에 묻혀 사라진다. 하지만 밤처럼 조용해지는 시간에는 이야기가 달라진다. 불을 끄고 누워 있거나, 아무 소리도 없는 공간에 혼자 있을 때 그동안 밀어두었던 생각들이 또렷하게 느껴진다. 이때 떠오르는 생각은 낮보다 더 생생하게 다가온다. 조용한 시간은 마음에게는 집중할 수 있는 환경이 되기 때문이다. 그래서 원하지 않는 생각이 더 자주 떠오르는 순간은, 마음이 한 가지 생각에 오래 머물 수 있는 조건이 만들어졌기 때문일 수도 있다.

원하지 않는다는 감정이 생각을 붙잡는다

우리가 어떤 생각을 "원하지 않는다"고 느낄 때, 그 생각은 이미 감정과 함께 묶여 있다. 불편함, 후회, 부끄러움, 걱정 같은 감정이 따라붙은 생각은 쉽게 사라지지 않는다. 오히려 그런 감정이 생각을 더 단단하게 만든다. 괜찮다고 넘기려 할수록 마음 한편에서는 계속 신경이 쓰인다. 그래서 원하지 않는 생각은 마음이 약해서 생기는 문제가 아니라, 감정이 아직 충분히 다뤄지지 않았다는 신호일 수 있다. 이때 중요한 것은 그 생각을 없애는 것이 아니라, 왜 그런 감정이 함께 남아 있는지를 천천히 살펴보는 것이다.

자꾸 떠오르는 생각을 다르게 바라볼 수 있다

원하지 않는 생각이 자주 떠오른다고 해서 반드시 그 생각에 휘둘리고 있다는 뜻은 아니다. 마음이 아직 어떤 부분을 정리하려고 움직이고 있을 뿐일 수도 있다. 생각을 억지로 밀어내기보다, 잠시 떠오르게 두고 그 생각이 무엇을 말하려 하는지 가볍게 바라볼 수 있다. 반드시 답을 찾거나 결론을 내릴 필요는 없다. 다만 지금 마음이 어떤 지점에 머물러 있는지를 알아차리는 것만으로도 생각의 무게는 달라질 수 있다. 원하지 않는 생각이 반복되는 순간은, 마음이 멈춰야 할 지점이 아니라 아직 지나가야 할 지점일 수 있다.

원하지 않는 생각이 더 자주 떠오르는 순간은, 우리가 약해졌기 때문이라기보다 마음이 아직 처리하지 못한 이야기가 남아 있기 때문일지도 모른다. 그 생각을 없애야 할 문제로만 보지 않고, 마음이 보내는 하나의 신호로 받아들이는 순간 생각과의 관계는 조금 달라질 수 있다. 완전히 사라지지는 않더라도, 이전보다 덜 두렵고 덜 부담스럽게 느껴질 수 있다.

03

잠들기 전
생각이 몰려오는 이유

하루를 무사히 마치고 침대에 누웠는데, 그때부터 생각이 시작되는 날이 있다. 눈은 감았고 몸도 피곤한데 머릿속은 오히려 또렷해진다. 이미 끝난 하루인데도 사소한 장면이 다시 떠오르고, 굳이 지금 하지 않아도 될 걱정이 이어진다. 자야 한다는 걸 알면서도 생각은 멈추지 않고, 그럴수록 잠은 더 멀어지는 것처럼 느껴진다. 이런 밤을 몇 번쯤 겪다 보면, 잠들기 전의 시간이 괜히 부담스러워지기도 한다.

하루가 끝나야 마음은 말을 시작한다

낮 동안 우리는 해야 할 일에 맞춰 움직인다. 출근 준비를 하고, 사람을 만나고, 정해진 역할을 수행하면서 하루를 보낸다. 그 과정에서 마음이 느끼는 감정이나 떠오르는 생각은 내부분 뒤로 밀린다. 지금은 생각할 시간이 없다는 이유로, 혹은 중요하지 않다는 판단으로 그냥 지나친다. 그러다 하루가 끝나고 모든 역할에서 잠시 벗어나는 순간, 마음은 이제야 말을 할 수 있는 시간을 얻는다. 잠자리에 들면 더 이상 집중해야 할 일도, 반응해야 할 사람도 없기 때문에 마음은 그동안 미뤄두었던 이야기들을 하나씩 꺼내기 시작한다. 그래서 잠 들기 전 생각이 몰려오는 것은, 하루가 끝났기 때문에 생기는 자연스러운 흐름일 수도 있다.

조용해진 환경이 생각을 더 크게 만든다

잠자리에 들면 주변은 급격히 조용해진다. 불이 꺼지고, 소리가 줄 어들고, 몸의 움직임도 거의 멈춘다. 낮 동안에는 여러 자극에 섞여 있던 생각들이, 이 조용한 환경 속에서는 더 또렷하게 느껴진다. 낮에는 대수롭지 않게 넘겼던 생각도 밤에는 유난히 크게 다가온다. 이는 생각이 갑자기 늘어난다기보, 방해 요소가 사라지면서 생각이 더 잘 들리게 된 상태일 수 있다. 그래서 밤에만 유독 생각이 많아진다고 느끼는 것도, 마음이 달라졌기 때문이라기보다 환경이 달라졌기 때문일 가능성이 있다.

몸은 쉬는데 마음은 아직 하루를 정리 중이다

침대에 누우면 몸은 분명 휴식을 시작하지만, 마음은 아직 하루를 정리하지 못한 상태일 수 있다. 오늘 있었던 일들 중 마음에 걸렸던 장면, 애매하게 넘어간 대화, 설명하지 못한 감정들이 정리되지 않은 채 남아 있다. 마음은 잠들기 전 이 시간을 이용해 하루를 되짚고, 놓친 감정을 다시 확인한다. 그래서 이미 끝난 일임에도 불구하고 생각이 반복해서 떠오른다. 이 과정은 불필요한 걱정처럼 느껴질 수 있지만, 마음 입상에서는 하루를 마무리하려는 시도일 수도 있다.

잠들어야 한다는 압박이 생각을 더 깨운다

생각이 많아진 밤에 우리는 자주 시계를 본다. 시간이 늦어졌다는 사실을 인식하는 순간, 빨리 자야 한다는 압박이 생긴다. 그런데 이 압박은 오히려 마음을 더 깨운다. 자야 한다고 생각할수록 잠에 집중하게 되고, 잠이 오지 않는 상태를 더 또렷하게 느끼게 된다. 그러다 보면 생각은 자연스럽게 더 늘어난다. 이때 떠오르는 생각들은 꼭 중요한 내용이 아니라, 잡다하고 사소한 경우도 많다. 하지만 "지금 이러면 안 된다"는 마음이 생각을 더 붙잡고 있는 셈이 된다.

잠들기 전 생각을 억지로 정리하지 않아도 된다

잠들기 전 몰려오는 생각을 없애야 할 문제로만 볼 필요는 없다. 생각을 멈추려고 애쓰거나, 왜 이렇게 잠을 못 자는지 자책할수록 마음은 더 긴장할 수 있다. 오히려 지금은 마음이 하루를 정리하는 시간일 수 있다고 받아들이는 편이 덜 부담스럽다. 떠오르는 생각에 반드시 결론을 내리거나 답을 찾을 필요는 없다. 그냥 이런 생각이 떠오를 수 있다는 사실을 인정하는 것만으로도 마음의 긴장은 조금 완화될 수 있다. 생각이 완전히 사라지지 않더라도, 그 생각과 싸우지 않게 되면 잠은 이전보다 조금 더 가까워질 수 있다.

잠들기 전 생각이 몰려오는 밤은, 우리가 잘못 쉬고 있다는 증거라기보다 마음이 하루를 마무리하는 방식일 수 있다. 그 시간을 실패로만 해석하지 않고, 마음이 아직 움직이고 있다는 신호로 바라보는 순간 잠자리에 대한 부담은 조금 달라질 수 있다. 생각이 줄어들지 않더라도, 그 생각을 대하는 태도가 바뀌면 밤의 감각은 이전과 다른 결로 느껴질 수 있다.

04
생각을 멈추려 할수록
더 커지는 느낌

생각이 많아졌다는 걸 알아차리는 순간, 우리는 본능적으로 그 생각을 멈추려 한다. 지금 이 생각은 도움이 안 된다고 판단하고, 다른 생각으로 덮으려 하거나 아무 생각도 하지 않으려고 애쓴다. 하지만 이상하게도 그렇게 할수록 머릿속은 더 시끄러워지는 느낌이 든다. 처음에는 작게 느껴졌던 생각이 점점 커지고, 의식할수록 더 또렷해진다. 왜 생각은 멈추라고 할수록 더 존재감을 드러내는 걸까하는 의문이 자연스럽게 따라온다.

멈추려는 순간 생각은 중심으로 올라온다

생각을 멈추려는 행동은, 아이러니하게도 그 생각을 가장 강하게 의식하는 순간이 된다. "이 생각은 하면 안 돼"라고 마음속으로 말하는 순간, 우리는 이미 그 생각을 분명하게 떠올리고 있다. 생각을 통제하려는 시도 자체가 그 생각을 중심에 올려놓는 셈이다. 그래서 처음에는 흐릿하게 스쳐 지나가던 생각이, 멈추려고 할수록 더 선명해지는 경험을 하게 된다. 이때 사람들은 왜 이렇게 간단한 것도 못하느냐며 스스로를 탓하지만, 사실 이런 반응은 매우 자연스러운 마음의 작동 방식일 수 있다.

통제하려는 마음이 긴장을 만든다

생각을 멈추려 할 때 마음속에는 보이지 않는 긴장이 생긴다. 지금 이 상태는 바람직하지 않다는 판단, 이 생각은 없어져야 한다는 압박이 동시에 작동한다. 마음은 그 긴장을 감지하고 더 예민해진다. 예민해진 마음은 작은 생각에도 크게 반응하고, 그 결과 생각의 크기는 더 커진 것처럼 느껴진다. 이 과정은 우리가 의도하지 않았음에도 반복된다. 그래서 생각을 멈추려는 노력은 오히려 마음을 쉬지 못하게 만들고, 생각을 더 활발하게 만드는 결과로 이어질 수 있다.

생각과 싸우는 순간 에너지가 소모된다

생각을 멈추려 할수록 피곤해지는 이유 중 하나는, 생각과 싸우는 데 에너지가 사용되기 때문이다. 떠오르는 생각을 밀어내고, 다른 생각으로 덮고, 다시 떠오르면 또다시 통제하려는 과정이 반복된다. 이 과정은 눈에 보이지 않지만 마음에는 분명한 부담으로 남는다. 그래서 하루 종일 별일을 하지 않았는데도 유난히 지친 느낌이 들 수 있다. 생각이 많아서 피곤하다기보다, 생각과 계속 싸우느라 지쳐 있는 상태일 수도 있다.

생각은 사라지지 않으면 커지는 것처럼 느껴진다

생각이 사라지지 않고 남아 있을 때, 우리는 그 생각이 점점 커지고 있다고 느낀다. 하지만 실제로는 생각의 내용이 커진다기보다, 그 생각을 바라보는 우리의 시선이 더 집중되고 있을 가능성이 있다. 계속 의식하고, 계속 점검하고, 계속 없애려 하다 보면 그 생각은 자연스럽게 더 크게 느껴진다. 이때 중요한 것은 생각이 실제로 커졌느냐보다, 우리가 그 생각을 어떻게 대하고 있느냐다. 생각을 제거해야 할 대상으로만 보면, 그 존재감은 더 크게 느껴질 수 있다.

멈추지 않아도 괜찮다고 허용하는 순간

생각을 멈추지 않아도 된다고 스스로에게 허용하는 순간, 마음의 긴장은 조금 풀릴 수 있다. 지금 이 생각이 떠올라도 괜찮다고 받아들이면, 생각은 더 이상 싸워야 할 대상이 아니다. 반드시 해결해야 할 문제도, 당장 없애야 할 장애물도 아니다. 그냥 지금 마음에 떠오른 생각 하나로 바라볼 수 있다. 이렇게 태도가 바뀌면 생각이 즉시 사라지지는 않더라도, 그 생각이 차지하는 무게는 달라질 수 있다. 멈추려 애쓰지 않을 때, 생각은 오히려 자연스럽게 흐를 여지를 얻는다.

생각을 멈추려 할수록 더 커지는 느낌은, 우리가 마음을 잘 다루지 못해서 생기는 문제가 아니라 마음이 긴장에 반응하는 방식일 수 있다. 생각을 통제해야 한다는 부담을 조금 내려놓고, 지금 이 생각이 떠오를 수 있다고 인정하는 것만으로도 마음의 움직임은 이전과 다른 결로 흘러갈 수 있다. 완전히 조용해지지는 않더라도, 적어도 생각과 싸우지 않아도 되는 상태에 가까워질 수 있다. 그 차이만으로도 머릿속의 풍경은 조금 달라질 수 있다.

05

마음이 조용해지면
불안해지는 이유

가끔은 생각이 잠시 멈춘 것 같은 순간이 찾아온다. 머릿속이 한결 조용해지고, 복잡하던 생각의 소리가 잦아든다. 그런데 이상하게도 그 고요함이 편안함으로 이어지지 않고, 오히려 이유 없는 불안이 따라올 때가 있다. 특별히 걱정할 일도 없고, 상황이 나빠진 것도 아닌데 마음이 괜히 긴장한다. 조용해졌다는 사실 자체가 어색하게 느껴지면서, 이 상태가 오래 지속되면 안 될 것 같은 기분이 들기도 한다. 이런 경험은 생각보다 많은 사람들이 공통적으로 겪는다.

익숙했던 소음이 사라지면 낯설음이 먼저 온다

우리는 오랫동안 생각이 많은 상태에 익숙해져 있다. 하루 종일 머릿속에서는 해야 할 일, 인간 관계, 사소한 판단들이 끊임없이 이어진다. 그렇게 살아오다 보니 생각이 많은 상태가 일종의 기본값처럼 느껴질 수 있다. 그런데 어느 순간 생각이 줄어들고 마음이 조용해지면, 그 익숙한 소음이 갑자기 사라진 셈이 된다. 마음은 이 낯선 상태를 편안함으로 바로 받아들이기보다, 무언가 빠진 것 같은 느낌으로 인식할 수 있다. 그래서 고요함이 안정이 아니라 불안으로 다가오는 것도 충분히 있을 수 있다.

생각이 많을 때는 불안을 미루고 있을 수도 있다

끊임없이 생각하고 있다는 것은, 어쩌면 마음이 계속 무언가에 집중하고 있다는 뜻이기도 하다. 계획을 세우고, 걱정을 하고, 다음 일을 떠올리는 동안에는 불안이 직접적으로 느껴지지 않을 수 있다. 생각이 많다는 상태는 때로 불안을 가려주는 역할을 하기도 한다. 그런데 생각이 줄어들고 마음이 조용해지면, 그동안 뒤로 밀려 있던 감정이 전면에 드러난다. 특별한 이유 없이 불안해지는 것처럼 느껴지지만, 사실은 그동안 생각 속에 묻혀 있던 감정이 모습을 드러낸 것일 수 있다.

아무것도 하지 않는 상태가 불편한 이유

마음이 조용해진 순간을 불안하게 느끼는 이유 중 하나는, 아무것도 하지 않는 상태에 익숙하지 않기 때문이다. 우리는 늘 무언가를 하고, 생각하고, 반응하며 살아간다. 그래서 마음이 가만히 있는 상태는 마치 멈춰버린 것처럼 느껴질 수 있다. 이때 불안은 "이대로 괜찮은 걸까"라는 막연한 질문에서 시작되기도 한다. 지금 아무 생각이 없다는 사실이 잘못된 상태처럼 느껴지고, 다시 생각을 만들어내고 싶어진다. 그래서 고요함 자체가 문제가 아니라, 고요함을 대하는 우리의 태도가 불안을 키울 수 있다.

조용해진 마음이 오히려 감각을 예민하게 만든다

생각이 줄어들면 외부 자극에 대한 감각은 오히려 또렷해질 수 있다. 작은 소리, 몸의 미세한 변화, 감정의 흔들림이 더 잘 느껴진다. 평소에는 생각에 가려져 있던 감각들이 전면에 나오면서, 마음은 이 변화에 당황할 수 있다. 갑자기 심장이 빨리 뛰는 것처럼 느껴지거나, 이유 없는 긴장이 생기는 것도 이런 맥락일 수 있다. 조용해진 마음이 불안을 만들어낸다기보다, 그동안 잘 느끼지 못했던 감각이 드러난 결과일 수 있다.

불안해진다고 해서 다시 생각을 채울 필요는 없다

마음이 조용해졌을 때 불안이 올라온다고 해서, 다시 생각을 억지로 채울 필요는 없다. 그 불안은 위험 신호라기보다, 새로운 상태에 적응하는 과정일 수 있다. 생각이 많았던 상태에서 조용한 상태로 이동하는 데에는 시간이 필요하다. 이때 불안을 없애려 애쓰기보다, 지금 마음이 새로운 감각을 경험하고 있다는 사실을 알아차리는 것만으로도 도움이 된다. 조용함이 반드시 평온으로 바로 이어지지 않더라도, 그 과정을 실패로 해석하지 않아도 된다.

마음이 조용해지면 불안해지는 이유는 우리가 잘못 쉬고 있어서가 아니라, 익숙하지 않은 상태를 마주하고 있기 때문일 수 있다. 생각이 많았던 시간만큼, 고요한 상태도 연습이 필요하다. 그 불안이 계속해서 커지지 않더라도, 잠시 나타났다 사라지는 감정일 수 있다는 여지를 남겨두는 것만으로도 마음은 덜 긴장할 수 있다. 조용함을 완전히 편안하게 느끼지 못해도 괜찮다. 그 과정 자체가 마음이 새로운 균형을 찾아가는 중일 수 있다.

지그문트 프로이트 심리학

이 장에서 살펴본 생각들은 제각각 흩어져 있는 것처럼 보이지만, 사실은 하나의 흐름으로 이어져 있다. 아무 일도 없는데 머릿속이 바빠지는 순간, 원하지 않는데도 반복해서 떠오르는 장면들, 잠자리에 누웠을 때 갑자기 몰려오는 기억과 말들, 생각을 멈추려 할수록 더 커지는 느낌, 그리고 생각이 잠시 조용해지면 오히려 불안해지는 마음까지. 우리는 이런 상태를 흔히 "생각을 통제하지 못해서 생긴 문제"로 받아들이지만, 이 마음을 전혀 다른 방향에서 바라본 사람이 있었다.

지그문트 프로이트는 멈추지 않는 생각을 의지의 실패로 보지 않았다. 그는 생각이 많아지는 상태를, 마음이 아직 말을 끝내지 못한 순간으로 이해했다. 겉으로는 이미 지나간 일처럼 보이지만, 마음속에서는 충분히 다뤄지지 않은 감정과 기억이 남아 있고, 그것들이 조용해진 틈을 타 다시 모습을 드러낸다는 것이다. 그래서 아무 일도 없을 때 생각이 많아지는 것은 이상한 일이 아니다. 오히려 그동안 바쁘게 지나오느라 미뤄두었던 마음의 이야기들이 비로소 말을 걸어오는 시간일 수 있다.

프로이트의 시선에서 보면, 우리가 가장 힘들어하는 순간은 생각이 떠오를 때가 아니라 그것을 억지로 멈추려 할 때다. "이런 생각을 하면 안 돼", "그만 생각해야지"라고 다짐하는 순간, 마음은 오히려 너 긴장하게 된다. 통제받고 있다고 느낀 마음은 더 강하게 반응하고, 그 결과 생각은 더 또렷해지고 더 자주 반복된다. 생각을 밀어내려 할수록 더 커지는 이유는,

생각이 나빠서가 아니라 마음이 아직 충분히 이해받지 못했다고 느끼기 때문이다.

잠들기 전 생각이 몰려오는 순간도 같은 맥락에서 볼 수 있다. 하루 동안 우리는 해야 할 일에 집중하느라 감정을 뒤로 미뤄둔다. 괜찮은 척 웃고, 지나간 일처럼 넘기고, 나중에 생각하자며 눌러두었던 마음들이 밤이 되어 긴장이 풀리면 하나둘 고개를 든다. 그래서 잠들기 전의 생각은 갑작스러운 불청객이 아니라, 하루 동안 미뤄졌던 마음의 정리 시간일 수 있다. 이 시간을 실패한 휴식으로만 바라보면, 우리는 또다시 스스로를 탓하게 된다.

프로이트는 생각을 없애야 할 대상으로 보지 않았다. 대신 "왜 지금 이 생각이 나타났을까"라는 질문을 남겼다. 이 질문은 문제를 해결하기 위한 질문이라기보다, 마음의 상태를 이해하기 위한 질문에 가깝다. 지금 떠오른 생각이 나를 괴롭히기 위해서가 아니라, 아직 정리되지 않은 감정이 있다는 신호일 수 있다는 시선은 생각을 대하는 태도를 조금 바꿔준다. 생각은 통제해야 할 적이 아니라, 잠시 들어야 할 이야기로 바뀐다.

이 관점에서 보면, 마음이 조용해질 때 느껴지는 불안도 다르게 보인다. 우리는 흔히 생각이 멈추면 편안해질 거라고 기대하지만, 막상 조용해지면 불안해지는 순간이 있다. 프로이트의 언어로 말하면, 이 불안은 아무것도 없는 상태가 아니라 그동안 억눌렸던 감정이 떠오르기 직전의 긴장일 수 있다. 그래서 생각이 많아지는 순간은 마음이 망가지고 있다는 신호가 아니라, 여전히 작동하고 있다는 증거일지도 모른다.

지그문트 프로이트의 심리학은 우리에게 생각을 고치라고 말하지 않는다.

대신 생각을 대하는 태도를 바꿔보자고 제안한다. 생각을 멈추지 못하는 자신을 다그치기보다, 지금 마음이 무엇을 말하려는지를 잠시 바라보자는 것이다. 그렇게 시선을 옮기는 순간, 우리는 생각과 싸우지 않아도 되는 위치에 조금 더 가까워진다.

생각이 많다는 것은 마음이 아직 할 말을 남겨두고 있다는 뜻일 수 있다. 그래서 이 시간을 실패나 약함으로만 해석하지 않아도 괜찮다. 조용해진 틈에 올라오는 생각들은, 마음이 스스로를 정리하려는 방식일지도 모른다. 프로이트의 시선은 복잡한 생각을 없애는 법을 알려주지 않는다. 대신 그 생각과 함께 잠시 머물 수 있는 용기를 건넨다. 그 정도의 이해만으로도, 머릿속은 우리가 생각한 것보다 조금 더 조용해질 수 있다.

> 지그문트 프로이트는 멈추지 않는 생각과 반복되는 감정을 통제의 실패로 보지 않았다. 그는 이런 상태를 마음이 아직 끝내지 못한 이야기를 이어가는 과정으로 바라보며, 생각을 없애기보다 이해하려는 태도가 마음을 덜 지치게 만든다고 보았다.

사람들 앞에서
나는 왜 다른 사람이 될까

01

회의실에만 들어가면
말이 사라지는 이유

회의실 문을 열기 전까지는 분명 할 말이 있었다. 자리로 걸어가며 머릿속으로 한 번 더 정리했고, 누가 물어보면 이렇게 답해야지 생각도 해봤다. 그런데 막상 자리에 앉고 시선이 모이는 순간, 준비해둔 말은 갑자기 멀어지고 입은 잘 떨어지지 않는다. 누군가 먼저 말하기 시작하면 그제야 "아, 내가 하려던 말이 저거였는데"하고 뒤늦게 떠오르지만, 이미 타이밍은 지나가 버렸다. 회의가 끝나고 나서야 괜히 속으로 혼잣말을 하며 스스로를 탓하게 된다.

말이 없는 게 아니라, 말이 멈춰 있는 순간

회의실에서 조용해지는 경험은 말주변이 없는 사람에게만 생기지 않는다. 평소 대화에서는 잘 이야기하고, 친한 사람 앞에서는 의견도 분명한데 유독 회의실에서는 말이 줄어든다. 이때 우리는 쉽게 "내가 소심해서 그래"라고 결론을 내리지만, 실제로는 말할 내용이 없어서가 아니라 말이 나오기 전 마음이 먼저 멈춰 섰기 때문일 수 있다. 머릿속에서는 여러 문장이 동시에 떠오르는데, 그중 어느 것을 꺼내야 할지 결정하지 못한 채 시간이 지나가 버린다. 그래서 침묵은 공백이 아니라, 생각이 너무 많아 생긴 정체에 가깝다.

회의실이라는 공간이 주는 압박감

회의실은 다른 장소보다 유난히 많은 신호를 보낸다. 누가 먼저 말하는지, 누가 주도권을 쥐고 있는지, 누가 듣고 있는지까지 자연스럽게 의식하게 된다. 이런 분위기는 사람을 조용히 긴장하게 만든다. 누군가는 이 긴장을 거의 느끼지 않지만, 누군가는 몸으로 먼저 받아들인다. 회의실에만 들어가면 말이 줄어드는 건, 그 공간의 공기를 예민하게 느끼고 있다는 뜻일 수도 있다. 이 예민함은 단점이라기보다 상황을 세심하게 읽고 있다는 신호이기도 하다.

말 한마디에 너무 많은 의미를 얹게 될 때

회의에서 말이 안 나오는 순간에는 말 자체보다 그 말이 불러올 결과를 더 많이 떠올리게 된다. "이 말이 가볍게 보이지 않을까", "괜히 튀는 사람으로 보이면 어쩌지"같은 생각이 앞선다. 그러다 보면 단순한 의견 하나에도 여러 의미를 얹게 된다. 말은 점점 무거워지고, 꺼내기 어려워진다. 결국 아무 말도 하지 않은 채 회의가 끝난다. 이 침묵은 무관심이 아니라, 오히려 책임감을 크게 느끼고 있다는 증거일 수 있다.

다른 사람의 시선을 과하게 느끼는 순간

회의실에서는 유독 다른 사람의 표정이 크게 다가온다. 고개를 끄덕이는지, 무표정한지, 시선이 어디에 머무는지까지 신경이 쓰인다. 실제로 모두가 나를 보고 있는 건 아니지만, 그렇게 느껴질 때가 있다. 말하려던 순간 누군가의 표정이 스치면, "지금은 아닌가 보다"하고 스스로 말을 거둬들이게 된다. 이런 경험이 반복되면, 점점 말하기 전에 한 발 물러서게 된다. 하지만 이것은 자신감이 부족해서라기보다, 관계 속에서 조심스럽게 움직이려는 마음이 크기 때문일 수 있다.

회의가 끝난 뒤에 몰려오는 생각들

말을 하지 못한채 회의가 끝나고 나면 생각은 오히려 더 많아진다. 집으로 돌아오는 길에 이미 지나간 장면을 계속 떠올리며 머릿속에서 혼자 회의를 다시 연다. "왜 그때 가만히 있었을까", "다음엔 꼭 말해야지"라는 생각이 이어진다. 이 후회는 스스로를 괴롭히지만, 동시에 그 자리에 진심으로 참여하고 있었다는 흔적이기도 하다. 아무 기대도 없다면 아쉬움도 남지 않는다.

말하지 못한 나도 분명 그 자리에 있었다

회의에서 말을 많이 하지 않았다고 해서, 그 사람이 그 자리에 없었던 건 아니다. 듣고, 이해하고, 흐름을 따라간 깃도 분명한 참여다. 말은 가장 눈에 띄는 참여 방식일 뿐, 유일한 방식은 아니다. 회의실에서 조용해지는 나를 무조건 고쳐야 할 문제로 보기보다, 어떤 순간에 특히 말이 막히는지, 어떤 분위기에서 긴장이 커지는지를 살펴보는 것도 필요하다. 그렇게 자신을 조금 더 이해하게 되면, 말은 억지로 밀어내지 않아도 더 편한 순간에 자연스럽게 나올 수 있다.

회의실에만 들어가면 말이 사라지는 경험은 생각보다 흔하다. 그 침묵은 부족함의 증거라기보다, 마음이 상황에 반응하고 있다는 신호일 수 있다. 말이 안 나오는 나를 다그치기보다, 그 순간의 나를 조금 느슨하게 바라보는 것만으로도, 회의실에서 느끼는 나에 대한 부담은 조금 달라질 수 있다.

02

사람들과 있다가
혼자가 되면 더 피곤해지는 순간

사람들과 헤어진 직후에는 아직 괜찮은 기분이 남아 있다. 웃었던 장면이 떠오르고, 무사히 자리를 마쳤다는 안도감도 함께 따라온다. 그런데 집으로 향하는 시간이 길어질수록 몸의 감각이 조금씩 달라진다. 어깨가 무거워지고, 말수가 줄어들며, 아무에게도 말을 걸고 싶지 않은 상태가 된다. 혼자가 되어서야 비로소 "아, 오늘은 좀 많이 썼구나"라는 생각이 늦게 도착한다.

사람들과 만나기 전에는 괜찮을 것 같다고 느낀다

약속을 나서기 전에는 크게 걱정되지 않는다. 몸이 조금 피곤하긴 해도, 막상 나가면 괜찮아질 것 같다는 생각이 먼저 든다. 사람들과 있으면 기분이 나아질 거라고 스스로를 설득하기도 한다. 실제로. 만남 초반에는 별문제 없이 웃고 이야기하게 된다. 이때까지는 아직 피로가 느껴지지 않는다. 오히려 혼자 있을 때보다 더 또렷해진 느낌이 들기도 한다. 그래서 우리는 "역시 사람들 만나길 잘했어"라고 생각한다.

함께 있는 동안에는 피로를 잘 느끼지 못한다

사람들과 함께 있는 시간에는 마음이 바쁘게 움직인다. 대화를 따라가고, 상대의 표정을 읽고, 분위기에 맞춰 반응한다. 이 과정은 자연스럽게 흘러가서 특별히 힘들다고 느껴지지 않는다. 웃음이 오가고 이야기가 이어지는 동안에는 내 상태를 점검할 틈이 없다. 피곤함이 느껴질 여지가 없다기보다, 느낄 겨를이 없는 쪽에 가깝다. 그래서 그 순간만 놓고 보면 "생각보다 괜찮다"는 판단이 쉽게 나온다.

웃고 반응하는 일이 점점 자동처럼 느껴질 때

대화가 이어질수록 반응은 점점 자동화된다. 고개를 끄덕이고, 웃고, 맞장구치는 일이 생각 없이 이어진다. 이 자동 반응은 관계를 부드럽게 이어주는 역할을 하지만, 동시에 마음의 에너지를 조금씩 소모한다. 문제는 이 소모가 눈에 잘 보이지 않는다는 점이다. 그래서 스스로도 "내가 뭘 그렇게 많이 했지"라고 느끼기 쉽다. 하지만 몸은 이미 많은 신호를 받고 있다. 다만 아직 혼자가 되지 않았을 뿐이다.

헤어질 무렵 갑자기 밀려오는 피로

약속이 끝나갈 즈음, 갑자기 피로가 몰려오는 순간이 있다. 대화가 마무리되고 인사를 나누는 사이, 몸이 먼저 무거워진다. 집에 가야 겠다는 생각이 들면서 동시에 아무것도 하고 싶지 않다는 마음이 따라온다. 이 피로는 갑작스럽게 찾아오는 것처럼 느껴지지만, 사실은 그동안 쌓여 있던 감각이 이제야 드러나는 것이다. 함께 있을 때는 눌러두었던 피로가, 헤어질 준비를 하면서 고개를 든다.

집으로 돌아오는 길에 달라지는 몸의 감각

집으로 향하는 길에서는 말수가 급격히 줄어든다. 메시지를 확인하는 것도 귀찮아지고, 음악 소리조차 부담스럽게 느껴질 때가 있다. 엘리베이터 안에서 거울을 보면 표정이 확연히 달라져 있다. 이때 우리는 "왜 이렇게 갑자기 지치지"라고 스스로를 의아해한다. 하지만 이 순간은 이상한 변화가 아니라, 긴장이 풀리는 과정일 수 있다. 이제 더 이상 반응하지 않아도 되는 상태에 들어선 것이다.

혼자가 되자마자 아무 말도 하기 싫어질 때

집에 도착해 문을 닫는 순간, 말이 완전히 사라진다. 누군가와 통화하는 것도, 오늘 있었던 일을 설명하는 것도 버겁다. 그냥 가만히 있고 싶어진다. 이 침묵은 공허함이라기보다 안도감에 가깝다. 드디어 아무 역할도 하지 않아도 되는 공간에 도착했다는 느낌이다. 그래서 혼자가 되자마자 지쳐 보이는 모습은, 약해진 결과기 아니라 그동안 유지하던 긴장을 내려놓았다는 신호일 수 있다.

이 피로를 문제로 만들지 않아도 된다

사람들과 있다가 혼자가 되면 더 피곤해지는 것은 이상한 일이 아니다. 누군가와 함께 있다는 것은 감정을 나누고 조율하는 일이며, 그만큼 마음을 사용한다. 그 사용이 끝났을 때 찾아오는 피로를 결함처럼 해석할 필요는 없다. 오히려 오늘 하루 내가 사람들과 연결되어 있었다는 흔적일 수 있다. 이 피로를 없애야 할 문제로만 보지 않고, 내 마음이 쉬고 싶다는 신호로 받아들일 수 있다면 혼자 있는 시간은 조금 다른 의미가 된다.

사람들 앞의 나와 혼자 있을 때의 나 사이에는 분명한 온도 차가 있다. 그 차이를 억지로 없애려 하기보다, 자연스러운 변화로 받아들이는 순간 마음은 덜 흔들린다. 혼자가 되자마자 찾아오는 피로는, 이제 더 이상 애쓰지 않아도 된다는 알림일 수 있다. 그 신호를 알아차리는 것만으로도 우리는 조금 더 편안하게 하루를 마무리할 수 있다.

03
가족 앞에서만
예민해지는 나의 얼굴

밖에서는 하루를 무사히 버텨낸 것 같은데, 집에 들어오자마자 마음이 날카로워지는 날이 있다. 특별히 큰 일이 있었던 것도 아닌데, 가족의 한마디에 괜히 목소리가 높아지고 표정이 굳어진다. 잠깐만 참으면 될 일인데 그게 잘 되지 않는다. 혼자서도 "왜 나는 집에서만 이럴까"라는 생각이 따라온다. 가장 편해야 할 공간에서 오히려 가장 예민해지는 나를 보며 스스로가 낯설어지기도 한다.

하루를 다 쓰고 돌아온 자리에서의 긴장

밖에서의 하루는 생각보다 많은 힘을 요구한다. 말투를 조절하고, 표정을 관리하고, 상황에 맞게 반응하는 일들이 이어진다. 그 과정에서 우리는 자연스럽게 긴장을 유지한다. 집에 들어오는 순간, 그 긴장을 풀어도 된다고 몸이 먼저 판단한다. 그런데 긴장이 풀리는 과정은 항상 부드럽지만은 않다. 오히려 쌓여 있던 피로와 감정이 한꺼번에 튀어나오기도 한다. 가족 앞에서 예민해지는 모습은, 하루 동안 참고 버텼던 마음이 이제야 숨을 쉬기 시작했다는 신호일 수 있다.

가장 가까운 사람에게만 날카로워지는 이유

이상하게도 가족에게는 말이 더 직설적으로 나온다. 밖에서는 삼킬 말을 집에서는 바로 내뱉는다. 그건 가족이 만만해서라기보다, 관계가 끊어지지 않을 거라는 믿음이 있기 때문이다. 마음속 깊은 곳에서는 "이 정도는 괜찮겠지"라는 안도감이 작동한다. 그래서 조심하던 말이 덜 걸러지고, 감정이 그대로 드러난다. 예민함은 애정이 없어서가 아니라, 오히려 관계가 안전하다고 느껴질 때 더 쉽게 나타나기도 한다.

사소한 말이 크게 들리는 순간

"그거 아직 안 했어?"라는 평범한 질문이 유독 거슬리는 날이 있다. 그 말 자체보다, 하루 종일 쌓여 있던 피로가 반응한다. 이미 마음속에서는 "나도 알아", "나도 힘들어"라는 말이 가득한 상태다. 그래서 가족의 말은 조언이 아니라 지적처럼 들리고, 관심이 아니라 간섭처럼 느껴진다. 이때의 예민함은 상대의 의도가 아니라, 내 마음의 여유가 얼마나 남아 있는지와 더 깊이 연결되어 있다.

집에서는 "괜찮은 사람"일 필요가 없다는 마음

밖에서는 누구나 어느 정도 괜찮은 사람으로 보이려 애쓴다. 실수를 감추고, 감정을 다듬고, 무례해 보이지 않도록 신경 쓴다. 하지만 집에서는 그 역할을 내려놓고 싶어진다. 문제는 역할을 내려놓는 순간, 감정까지 정리되지 않은 채 그대로 나오는 경우다. 그래서 집에서는 더 솔직해지고, 동시에 더 날카로워진다. 이건 이중적인 모습이라기보다, 한 사람이 여러 상태를 오가고 있다는 자연스러운 흐름일 수 있다.

미안함이 쌓일수록 더 예민해질 때

가족에게 예민하게 반응한 뒤에는 종종 미안함이 따라온다. "왜 그렇게 말했을까"라는 생각이 마음을 무겁게 한다. 그런데 이 미안함이 쌓이면 오히려 다음에도 비슷한 반응을 반복하게 된다. 미안함을 제대로 풀지 못한 채 마음속에 남겨두면, 작은 자극에도 다시 예민해진다. 예민함과 후회가 번갈아 나타나는 이 과정은, 스스로를 몰아붙이기보다 조금 느슨하게 바라볼 필요가 있는 지점이다.

가족 앞에서의 예민함을 문제로만 보지 않아도 된다

가족 앞에서만 예민해지는 나를 보며 "왜 나는 이것도 못 참을까"라고 자신을 평가하기 쉽다. 하지만 이 모습은 실패나 결함이라기보다, 마음이 가장 솔직해지는 자리에서 드러나는 상태일 수 있다. 오히려 아무 감정도 나오지 않는 관계보다, 이렇게 부딪히는 관계가 더 살아 있다는 신호일 수도 있다. 중요한 건 예민함을 없애는 것이 아니라, 그 예민함이 언제, 어떤 상태에서 나타나는지를 알아차리는 것이다.

조금 덜 예민해지기 위한 아주 작은 여유

가족 앞에서 예민해지는 날에는, 나 스스로에게 먼저 여유를 주는 게 필요하다. 오늘 하루가 어땠는지, 얼마나 많은 감정을 쓰고 왔는지를 잠깐이라도 돌아보는 것만으로도 반응은 달라질 수 있다. 바로 말하기보다 잠시 숨을 고르고, 혼자만의 시간을 조금 갖는 것도 도움이 된다. 예민함을 없애려 애쓰기보다, 그 예민함이 나에게 보내는 신호를 이해하는 쪽이 더 현실적인 선택일 수 있다.

가족 앞에서만 예민해지는 얼굴은 우리가 가장 솔직해지는 순간의 표정일지도 모른다. 그 모습을 부끄러워하기보다, 오늘의 내가 얼마나 애쓰고 돌아왔는지를 보여주는 흔적으로 바라볼 수 있다면 관계도, 나 자신을 대하는 태도도 조금은 부드러워질 수 있다.

04

SNS에 글 하나
올리기까지 망설이는 마음

사진은 이미 골라두었다. 문장도 대충 머릿속에 있다. 그런데 막상 "올리기" 버튼 앞에 서면 손이 쉽게 움직이지 않는다. 별것 아닌 일처럼 보이지만, 이 망설임은 생각보다 길다. 누구에게 보여주기 위한 글도 아닌데, 괜히 한 번 더 읽어보고, 다시 지우고, 결국은 아무것도 올리지 않은 채 앱을 닫는다. 그리고 나중에 혼자서 이런 생각을 한다. "나는 왜 이렇게까지 고민할까."

올리고 싶다는 마음과 멈추는 손 사이에서

SNS에 글을 올리고 싶다는 마음은 분명히 있다. 오늘 있었던 일을 기록하고 싶기도 하고, 마음에 남은 생각을 그냥 흘려보내고 싶지 않을 때도 있다. 그런데 막상 글을 쓰기 시작하면, 손보다 생각이 먼저 앞서간다. "이 말이 너무 가볍게 보이지 않을까", "괜히 의미 없어 보이면 어쩌지"같은 생각이 자연스럽게 따라온다. 그래서 올리고 싶었던 마음은 잠시 뒤로 밀리고, 대신 망설임이 자리를 차지한다. 이 망설임은 관심을 받고 싶어서라기보다, 괜히 어색해질까 봐 조심하는 마음에 더 가깝다.

아무도 강요하지 않는데도 생기는 부담

SNS는 누구에게나 열려 있지만, 동시에 아무에게도 강요하지 않는다. 올려도 되고, 안 올려도 된다. 그런데도 우리는 스스로에게 기준을 만든다. "이 정도는 돼야 올리지", "이런 글은 지금 분위기랑 안 맞아"같은 생각을 하며, 보이지 않는 기준선을 넘으려 애쓴다. 이 기준은 누가 정해준 것도 아니고, 명확하지도 않다. 그럼에도 그 선을 넘지 못할 것 같다는 느낌이 들면, 손은 자연스럽게 멈춘다. 이 부담은 자유로운 공간에서 오히려 더 크게 느껴질 때가 있다.

반응을 상상하는 순간 생각이 복잡해진다

글을 올리기 전, 우리는 이미 여러 가지 반응을 미리 상상한다. 누군가는 공감할 것 같고, 누군가는 그냥 지나칠 것 같고, 또 누군가는 "왜 이런 글을 올렸지"라고 생각할지도 모른다. 실제로 그런 반응이 오지 않아도, 상상만으로도 마음은 충분히 복잡해진다. 그래서 글을 올리는 일은 단순한 기록이 아니라, 작은 무대에 서는 일처럼 느껴지기도 한다. 그 무대가 크지 않다는 걸 알면서도, 막상 서려면 마음이 한 번 더 움츠러든다.

진짜 마음을 드러내는 게 부담스러울 때

SNS에 올리는 글은 짧아 보여도, 그 안에는 나의 한 조각이 담긴다. 그래서 괜히 솔직한 말을 쓰려다 멈추게 된다. "이건 너무 사적인가", "이렇게까지 드러내도 괜찮을까"라는 생각이 앞선다. 가벼운 이야기만 올리면 될 것 같으면서도, 그렇게 하면 또 마음이 허전해진다. 진짜 하고 싶은 말은 따로 있는데, 그 말을 꺼내는 순간 스스로가 너무 노출되는 느낌이 들 때, 우리는 차라리 아무것도 올리지 않는 쪽을 선택한다.

올리지 않은 글이 마음속에 남아 있을 때

결국 글을 올리지 않고 앱을 닫은 뒤에도, 그 글은 완전히 사라지지 않는다. 마음속 어딘가에 남아 있다. 혼자서 다시 읽어보거나, 메모장에만 남겨두기도 한다. 이때 우리는 "괜히 고민만 했네"라고 스스로를 탓하기도 한다. 하지만 올리지 않은 선택 역시 하나의 선택이다. 말하지 않은 감정이 반드시 잘못된 건 아니다. 어떤 마음은 공개되지 않았을 때 더 편안해지기도 한다.

SNS에서는 늘 '괜찮은 모습'을 고르게 된다

SNS에 글을 올릴 때, 우리는 자연스럽게 '괜찮아 보이는 나'를 떠올린다. 너무 힘들어 보이지도, 너무 가볍지도 않게 균형을 맞추려 한다. 이 과정에서 마음은 조금씩 피로해진다. 진짜 상태와 보여지는 상태 사이에 간격이 생기기 때문이다. 그 간격이 클수록 글을 올리는 일은 점점 어려워진다. 망설임은 용기가 부족해서가 아니라, 그 간격을 정확히 느끼고 있다는 신호일 수 있다.

망설임이 많은 사람의 방식도 존중받아야 한다

SNS에 쉽게 글을 올리지 못하는 사람은, 생각이 많은 사람일 가능성이 크다. 말 한마디, 문장 하나가 누군가에게 어떻게 닿을지 자연스럽게 떠올리기 때문이다. 이런 망설임은 느리고 답답하게 느껴질 수 있지만, 동시에 섬세함이기도 하다. 모두가 빠르게 공유하는 공간에서, 잠시 멈춰 생각하는 방식도 충분히 의미 있다. 올리지 않아도 괜찮고, 나중에 올려도 괜찮다. 망설이는 나의 속도 역시 하나의 리듬이다.

SNS에 글 하나 올리기까지 망설이는 마음은 생각보다 흔하다. 그 망설임은 부족함이 아니라, 나를 지키려는 방식일 수 있다. 모두가 말하고 있을 때 조용히 남겨둔 생각도, 언젠가는 다른 형태로 나를 정리해준다. 올리지 않은 글이 있어도 괜찮다. 그 마음은 이미 충분히 존재하고 있다.

05

사람마다 말투와 태도가
달라지는 이유

아침에 집을 나설 때와 회사 문을 열고 들어설 때, 말투가 자연스럽게 바뀌는 순간이 있다. 특별히 의식하지 않아도 목소리는 조금 단단해지고, 말끝은 조심스러워진다. 하루를 보내다 보면 우리는 여러 장소를 오가며 여러 말투로 살아간다. 대부분은 그 변화를 대수롭지 않게 넘기지만, 문득 "나는 왜 이렇게 다르지"라는 생각이 들 때 마음이 조금 복잡해진다.

상황이 바뀌면 말이 먼저 반응한다

회사에서는 말이 정리되어 나오는데, 집에 돌아오면 말수가 줄거나 한숨이 먼저 나올 때가 있다. 누가 시킨 것도 아닌데 몸이 먼저 상황에 맞는 태도를 취한다. 직장에서는 흐름을 맞추기 위해 말이 단정해지고, 집에서는 그동안 눌러두었던 감정이 느슨해진다. 이 차이를 느끼며 스스로를 낯설게 바라보기도 하지만, 사실 이는 상황을 빠르게 읽고 적응해온 흔적일 수 있다. 말투가 달라지는 건 내가 변해서가 아니라, 지금의 환경이 달라졌기 때문이다.

편한 사람 앞에서 오히려 조심스러워질 때

가장 편해야 할 사람 앞에서, 뜻밖에 말이 느려지고 한마디를 꺼내기 전 망설이게 되는 날이 있다. 아무 말이나 해도 괜찮을 것 같은 사이인데도, 괜히 말끝을 고르게 된다. 그럴 때 우리는 "왜 이렇게 예민해졌지"라고 생각하지만, 그 조심스러움은 관계를 소중히 여긴다는 신호일 수 있다. 상처를 주고 싶지 않고, 괜히 오해받고 싶지 않아서 말투가 더 부드러워진다. 편함 속의 조심은 마음이 멀어졌다는 뜻이 아니라, 오히려 가까워졌다는 표시일지도 모른다.

같은 말이 전혀 다르게 쓰일 때

"괜찮아"라는 말 하나도 상황에 따라 전혀 다른 의미를 갖는다. 친구에게는 위로가 되고, 가족에게는 감정을 숨기는 말이 되며, 직장에서는 문제 없다는 보고가 된다. 말의 내용은 같지만, 마음의 방향이 다르기 때문에 태도도 함께 달라진다. 우리는 종종 "왜 이렇게 말이 다르게 나오지"라며 스스로를 이상하게 여기지만, 그 변화는 상대와 관계를 고려하고 있다는 증거일 수 있다. 말은 생각보다 감정을 전달하기보다, 감정을 보호하는 쪽으로 먼저 선택되기도 한다. 말투의 변화는 계산이 많아서가 아니라, 마음이 먼저 반응했기 때문에 생긴다.

하루가 끝나고 찾아오는 혼란

여러 사람을 만나고 집에 돌아오면 문득 이런 생각이 든다. "오늘의 나는 어떤 사람이었지." 누구 앞에서는 밝았고, 누구 앞에서는 조용했으며, 또 누구 앞에서는 예민했다는 기억이 뒤섞인다. 그때 느껴지는 혼란은 내가 일관되지 못하다는 불안으로 이어지기도 한다. 하지만 하루 동안의 여러 말투는 서로 다른 내가 아니라, 상황마다 다른 모습으로 반응한 같은 나일 수 있다. 하나만이 진짜라고 고를 필요는 없다.

말투는 마음 상태를 가장 먼저 드러낸다

말투와 태도는 생각보다 솔직하다. 여유가 있을 때는 말이 느려지고, 긴장하면 말이 빨라지며, 지치면 말끝이 짧아진다. 우리는 종종 말투를 고치려 애쓰지만, 그보다 먼저 살펴봐야 할 건 지금의 마음 상태다. 말이 달라졌다는 건, 지금의 내가 어떤 상태인지 알려주는 신호일 수 있다. 말투를 문제로 삼기보다, 그 말투가 나온 이유를 알아차리는 쪽이 훨씬 부드러운 접근이다.

여러 말투를 지나며 살아가는 하루

사람마다 말투와 태도가 달라지는 건 자연스러운 일이다. 우리는 한 가지 모습으로만 하루를 살 수 없고, 그럴 필요도 없다. 상황에 따라 조정되는 태도는 약함이 아니라, 관계 속에서 살아가기 위해 익혀 온 방식이다. 말투가 바뀔 때마다 스스로를 의심하지 않아도 괜찮다. 그 변화는 내가 불안정하다는 증거가 아니라, 여러 관계를 건너오며 하루를 살아냈다는 흔적일 수 있다.

　하루를 돌아보며 말투가 여러 번 바뀌었다는 생각이 들었다면, 그만큼 많은 자리와 사람을 지나왔다는 뜻일지도 모른다. 누구 앞에서는 조심했고, 누구 앞에서는 힘을 뺐으며, 또 누구 앞에서는 마음을 숨겼을 뿐이다. 그 모든 말투는 각각의 순간에서 나를 지키기 위해 선택된 모습이다. 오늘의 말투가 어제와 달랐다고 해서 나를 의심하지 않아도 괜찮다. 우리는 늘 같은 방식으로 말하지 않지만, 그 안에서 계속 같은 삶을 살아가고 있다.

06

처음 만나는 자리에서
괜히 긴장하는 이유

처음 만나는 자리에 가기 전에는 늘 별일 아닌 것처럼 생각한다. 그냥 사람 몇 명 만나 인사하고 이야기 나누는 자리일 뿐이라고 스스로를 다독인다. 그런데 막상 약속 장소에 가까워질수록 몸이 먼저 반응한다. 심장이 조금 빨라지고, 손에 쥔 휴대폰을 괜히 몇 번이나 확인한다. 아직 아무 일도 시작되지 않았는데도 긴장은 이미 자리를 잡고 있다.

약속 장소에 도착하기 전부터 시작되는 마음

엘리베이터를 기다리거나, 문 앞에서 잠시 멈춰 설 때 갑자기 숨이 얕아진다. "괜히 나만 어색한 건 아닐까", "말을 잘 못하면 어쩌지" 같은 생각이 자연스럽게 떠오른다. 아직 얼굴도 보지 않은 사람들인데, 마음은 이미 여러 상황을 먼저 겪어낸다. 이 긴장은 용기가 없어서라기보다, 새로운 환경을 앞두고 마음이 먼저 준비를 시작했기 때문에 생길 수 있다.

첫인상을 의식하는 순간 말이 줄어든다

처음 만나는 자리에서는 평소보다 말수가 줄어들거나, 반대로 필요 이상으로 말을 많이 하게 되기도 한다. 침묵이 어색해 보여서, 혹은 너무 튀지 않기 위해서다. 머릿속에서는 "이 말 괜찮았나"라는 점검이 계속 이어진다. 그 과정에서 말은 점점 더 조심스러워진다. 긴장은 실수를 막기 위한 방어처럼 작동하기도 한다. 그래서 말이 줄어드는 건 어색함 때문이 아니라, 신중해지고 있다는 신호일 수 있다.

나를 설명해야 할 것 같은 부담

처음 만나는 사람 앞에서는 괜히 나 자신을 설명해야 할 것 같은 압박이 생긴다. 어떤 일을 하는지, 어떤 사람인지, 분위기를 어떻게 맞춰야 할지 머릿속이 바빠진다. 아직 아무도 묻지 않았는데도, 이미 대답을 준비하고 있는 셈이다. 이때의 긴장은 평가받을까 봐서라기보다, 잘 연결되고 싶다는 마음에서 비롯되는 경우가 많다. 관계의 시작점에 서 있다는 사실이 마음을 조금 더 예민하게 만든다.

익숙하지 않은 분위기에 몸이 먼저 반응한다

처음 만나는 자리의 공기, 말의 속도, 웃음의 타이밍은 아직 익숙하지 않다. 그래서 몸은 자연스럽게 긴장 상태를 유지한다. 자세가 조금 굳고, 표정이 어색해진다. 이 반응은 통제하기 어려울 때가 많다. 마음이 약해서라기보다, 아직 안전하다고 판단하지 못했기 때문이다. 시간이 지나 분위기가 조금 풀리면, 긴장도 서서히 느슨해진다. 그 변화는 아주 천천히 일어난다.

집에 돌아와서 더 또렷해지는 피로감

자리를 마치고 집에 돌아오면, 갑자기 피로가 몰려온다. 별로 말하지도 않았는데 유난히 지친 느낌이 들 때가 있다. "왜 이렇게까지 피곤하지"라는 생각이 들지만, 그건 긴장이 풀리면서 나타나는 자연스러운 반응일 수 있다. 처음 만나는 자리에서는 보이지 않게 많은 감각을 쓰기 때문이다. 분위기를 읽고, 반응을 살피고, 스스로를 조절하는 데 에너지가 들어간다.

긴장을 많이 하는 나를 탓하게 되는 순간

다음 날이 되면 스스로를 돌아보며 이런 생각을 하기도 한다. "왜 그렇게 긴장했을까", "좀 더 편하게 굴 수 있었을 텐데." 하지만 이미 지나간 자리를 다시 평가하는 건 대개 나에게만 엄격해진다. 긴장은 실패의 증거가 아니라, 새로운 관계를 성실하게 대하려 했다는 흔적일 수 있다. 모든 사람이 처음부터 편안할 수는 없다.

조금 느린 적응도 괜찮다

처음 만나는 자리에서 긴장하는 건 특별한 성격의 문제가 아니다. 오히려 낯선 상황을 함부로 넘기지 않는 사람일수록 긴장을 느끼기 쉽다. 그 긴장은 시간이 지나면서 자연스럽게 풀린다. 꼭 첫 만남에서 모든 걸 잘 해내지 않아도 괜찮다. 몇 번의 만남을 거치며 서서히 편해지는 방식도 충분히 존중받아야 한다.

처음 만나는 자리에서 괜히 긴장하는 이유는, 내가 부족해서가 아니라 새로운 관계 앞에서 마음이 먼저 준비하고 있기 때문일 수 있다. 긴장은 나를 방해하는 감정이 아니라, 나를 지키는 방식이기도 하다. 다음에 비슷한 자리에 서게 된다면, 긴장을 없애려 애쓰기보다 "지금 이만큼 느끼는 것도 괜찮다"고 스스로에게 말해줘도 된다. 관계는 빠르게 시작되지 않아도, 천천히 이어질 수 있다.

07

연인 앞에서
솔직해지지 못하는 순간들

연인과 함께 있을 때 가장 솔직해지고 싶다고 생각하지만, 막상 말하려고 하면 입이 쉽게 떨어지지 않는 순간이 있다. 괜히 분위기를 망칠까 봐, 쓸데없는 말로 보일까 봐, 혹은 상처를 줄까 봐 마음속에 담아둔 말을 다시 삼킨다. 분명 가까운 사이인데도, 그 가까움 때문에 더 조심하게 되는 순간이 있다. 그럴 때 우리는 스스로에게 묻는다. "왜 나는 연인 앞에서만 이렇게 말이 어려워질까."

괜히 분위기를 깨고 싶지 않은 마음

데이트를 하다 보면 즐거운 분위기가 자연스럽게 흐를 때가 있다. 그럴 때 마음 한쪽에서는 말하고 싶은 게 있지만, 굳이 지금 꺼내야 하나 망설이게 된다. 괜히 이 좋은 시간을 흐트러뜨릴까 봐, 웃음이 사라질까 봐 마음이 먼저 멈춘다. 그래서 "나중에 말하지 뭐"하고 넘기지만, 그 나중은 쉽게 오지 않는다. 솔직하지 못한 순간은 거짓말이라기보다, 관계를 지키고 싶다는 마음에서 시작되는 경우가 많다.

상처받을까 봐 먼저 접어두는 말들

연인 앞에서는 말 한마디가 더 크게 다가온다. 다른 사람에게는 아무렇지 않을 말도, 연인에게서 돌아오는 반응은 오래 남는다. 그래서 혹시라도 무심한 반응이 돌아올까 봐, 마음을 미리 접어두게 된다. "괜히 말해서 실망하면 어쩌지"라는 생각이 앞선다. 이때의 침묵은 거리감이 아니라, 상처를 피하고 싶은 마음의 표현일 수 있다.

솔직해지면 약해질 것 같을 때

연인에게 솔직해진다는 건, 나의 약한 부분을 드러내는 일처럼 느껴질 때가 있다. 불안한 마음, 질투, 서운함 같은 감정은 말로 꺼내는 순간 나 자신이 작아지는 것처럼 느껴진다. 그래서 괜찮은 척 웃고 넘기며, 속마음은 혼자서만 정리하려 한다. 하지만 그 과정에서 마음은 점점 더 무거워진다. 솔직함이 약함처럼 느껴지는 순간은, 사실 그만큼 상대를 소중하게 여기고 있다는 증거일 수도 있다.

상대의 반응을 먼저 상상해버리는 순간

말을 꺼내기 전, 우리는 이미 상대의 반응을 머릿속에서 여러 번 그려본다. 이해해줄 것 같기도 하고, 피곤해할 것 같기도 하다. 그 상상이 부정적으로 기울면, 말은 시작도 하기 전에 멈춘다. 아직 아무 일도 일어나지 않았는데, 마음은 이미 상처받은 상태가 된다. 연인 앞에서 솔직해지기 어려운 이유는, 그만큼 상대의 반응이 나에게 중요하기 때문이다.

말하지 않은 감정이 쌓일 때의 거리감

처음에는 사소해서 넘겼던 말들이 조금씩 쌓이면, 어느 순간 이유 없는 거리감으로 느껴지기도 한다. 크게 싸운 적도 없고, 특별한 문제가 생긴 것도 아닌데 마음이 멀어진 것처럼 느껴진다. 그럴 때 우리는 "우리가 예전 같지 않은가"라고 걱정하지만, 어쩌면 그 사이에는 말하지 못한 감정들이 조용히 쌓여 있었을지도 모른다. 솔직하지 못한 순간들이 꼭 문제를 만드는 건 아니지만, 계속되면 마음의 온도를 낮출 수는 있다.

솔직함에도 각자의 속도가 있다

모든 감정을 바로 말해야만 솔직한 건 아니다. 누군가는 생각이 정리된 뒤에야 말이 나오고, 누군가는 감정을 느끼는 순간 바로 표현한다. 연인 사이에서도 이 속도는 다를 수 있다. 말이 느린 사람은 솔직하지 않은 게 아니라, 신중한 사람일 수 있다. 중요한 건 속도가 다르다는 사실을 스스로에게도, 서로에게도 허용해주는 일이다.

조금씩 말해도 괜찮다는 믿음

연인 앞에서 솔직해지는 건 한 번에 완성되는 일이 아니다. 오늘은 말하지 못했어도, 언젠가는 말할 수 있다. 꼭 완벽한 표현이 아니어도, 서툰 말로 시작해도 괜찮다. 솔직함은 용기를 내서 한 번에 꺼내는 말이 아니라, 관계 속에서 천천히 만들어지는 신뢰에 가깝다. 말하지 못한 나를 탓하기보다, 그만큼 관계를 소중히 여기고 있다는 마음을 먼저 알아봐도 좋다.

   연인 앞에서 솔직해지지 못하는 순간은 사랑이 부족해서가 아니라, 그 관계가 중요하기 때문에 생길 수 있다. 말하지 못한 감정이 있다고 해서 진심이 사라진 건 아니다. 솔직함에는 각자의 속도와 방식이 있다. 오늘은 말하지 못했어도 괜찮다. 관계는 완벽한 고백보다, 서툰 진심이 조금씩 오가며 이어질 수 있다.

08

직장과 집에서
완전히 다른 사람이 되는 나

퇴근 시간이 가까워질 때까지는 분명 괜찮은 사람이었다. 말투도 정돈되어 있었고, 웃어야 할 때 웃었으며, 해야 할 말은 빠뜨리지 않았다. 그런데 집 문을 열고 들어오는 순간, 그 모습이 스르르 사라진다. 말수가 줄어들고, 표정이 굳으며, 괜히 예민해진다. 하루 동안 같은 사람이었는데, 장소가 바뀌자 전혀 다른 사람이 된 것처럼 느껴진다. 그때 마음속에서 이런 질문이 떠오른다. "왜 나는 직장과 집에서 이렇게 다를까."

직장에서는 '버티는 나', 집에서는 '풀리는 나'

직장에서의 하루는 생각보다 많은 에너지를 요구한다. 업무만이 아니라 사람 사이의 공기, 말의 온도, 표징의 타이밍까지 신경 쓰며 시간을 보낸다. 그 과정에서 우리는 자연스럽게 긴장을 유지한다. 반면 집은 그 긴장을 풀어도 되는 공간이다. 문제는 긴장이 풀리는 방식이 항상 부드럽지는 않다는 점이다. 그동안 참고 눌러두었던 피로와 감정이 한꺼번에 드러나면서, 집에서는 유난히 무기력하거나 날카로워질 수 있다. 이는 두 얼굴이라기보다, 한 사람이 다른 상태로 전환되고 있다는 신호일 수 있다.

회사에서는 말이 많은데 집에서는 조용해지는 이유

직장에서는 회의도 하고, 보고도 하고, 대화도 많이 나눈다. 말이 넘쳐나는 하루를 보냈는데도 집에 오면 더 이상 말하고 싶지 않아진다. 가족의 질문에 짧게 대답하거나, 대화를 피하고 싶어질 때도 있다. 이때 우리는 "왜 이렇게 무뚝뚝해졌지"라고 스스로를 탓하지만, 말이 줄어드는 건 관심이 없어서가 아니라 이미 하루치 말을 다 써버렸기 때문일 수 있다. 침묵은 무관심이 아니라, 회복을 위한 멈춤일 수도 있다.

집에서만 예민해지는 나를 보며 드는 죄책감

밖에서는 참고 넘긴 일들이 집에서는 유난히 크게 느껴진다. 사소한 말에도 목소리가 높아지고, 괜히 날이 서는 반응이 나온다. 그러고 나면 곧바로 미안함이 따라온다. "왜 가족한테만 이러지"라는 죄책감이 마음을 무겁게 한다. 하지만 이 예민함은 애정이 없어서가 아니라, 가장 안전하다고 느끼는 공간에서 감정이 풀리기 때문에 나타나는 경우가 많다. 죄책감으로만 바라보기보다, 오늘의 내가 얼마나 애쓰고 돌아왔는지를 함께 보아야 하는 순간일지도 모른다.

집에서는 '괜찮은 사람'일 필요가 없다는 마음

직장에서는 늘 어느 정도 괜찮은 사람이어야 한다. 감정을 조절하고, 실수를 감추고, 관계를 유지하기 위해 노력한다. 하지만 집에서는 그 역할을 내려놓고 싶어진다. 문제는 역할을 내려놓는 순간, 정리되지 않은 감정까지 함께 쏟아질 수 있다는 점이다. 그래서 집에서는 더 솔직해지고, 동시에 더 날카로워진다. 이는 위선이 아니라, 역할에서 잠시 벗어나고 싶다는 몸의 요청일 수 있다.

직장과 집 사이의 간격이 커질수록 느껴지는 혼란

어느 날 문득 이런 생각이 들 때가 있다. "직장의 내가 진짜 나일까, 집의 내가 진짜 나일까." 두 모습이 너무 달라 보일수록, 정체성에 대한 혼란이 커진다. 하지만 이 질문은 꼭 하나만 골라야 하는 선택처럼 느껴질 필요는 없다. 직장에서도 나이고, 집에서도 나다. 다만 상황에 따라 다른 면이 더 드러났을 뿐이다. 한 사람 안에는 여러 상태가 공존할 수 있고, 그것이 이상한 일은 아니다.

두 모습 사이에서 나를 이해하는 법

직장과 집에서 다른 사람이 되는 느낌은, 나를 잃어버렸다는 신호가 아니라 상황에 맞게 살아가고 있다는 증거일 수 있다. 중요한 건 어느 한쪽을 없애는 게 아니라, 그 사이의 나를 이해하는 일이다. 오늘 집에서 예민해졌다면, 그건 오늘 하루가 그만큼 버거웠다는 뜻일지도 모른다. 스스로에게 조금만 여유를 주면, 두 모습 사이의 간격도 서서히 좁아질 수 있다.

　직장과 집에서 완전히 다른 사람이 된 것처럼 느껴지는 날이 있다면, 그건 내가 불안정해서가 아니라 하루 동안 여러 역할을 지나왔기 때문일 수 있다. 밖에서 버티고, 안에서 풀어지는 과정은 자연스러운 흐름이다. 어느 쪽만이 진짜 나라고 고르지 않아도 괜찮다. 우리는 직장의 나와 집의 나를 오가며 하루를 살아내고 있고, 그 사이에서 충분히 애쓰고 있다.

09

"나는 원래 이런 사람이야"라는
말의 진짜 의미

아침에 눈을 뜨고 하루를 시작할 때는 비교적 괜찮았는데, 사람을 몇 번 만나고 나면 괜히 마음이 무거워질 때가 있다. 누가 뭐라고 한 것도 아닌데 스스로에게 설명을 붙이게 되고, 그 끝에는 종종 "나는 원래 이런 사람이야"라는 말이 남는다. 그 말은 스스로를 이해하기 위한 문장처럼 보이지만, 가만히 들여다보면 마음을 닫기 위한 말처럼 느껴질 때도 있다. 오늘은 그 문장이 왜 이렇게 자주 등장하는지, 그리고 그 말 뒤에 어떤 마음이 숨어 있는지를 천천히 따라가 보려 한다.

습관처럼 튀어나오는 한마디

회사에서 회의가 끝난 뒤, 의견을 많이 말하지 못한 자신이 떠오를 때가 있다. 집으로 돌아오는 길에 "나는 원래 말이 없는 사람이야"라고 정리하면 마음이 잠시 편해진다. 더 잘하지 못한 자신을 굳이 붙잡고 괴롭히지 않아도 되기 때문이다. 이 말은 실패를 인정하지 않기 위한 변명이기보다는, 스스로를 더 다치지 않게 보호하려는 방식일 수 있다. 그렇게 생각하면 이 문장은 성격 설명이 아니라 마음의 방어에 가깝다.

변명처럼 들리지만 사실은 멈춤의 신호

누군가가 "왜 그렇게 예민해?"라고 물었을 때 "나는 원래 이런 성격이야"라고 답하면 대화는 거기서 멈춘다. 더 설명하지 않아도 되고, 더 이해받지 않아도 된다. 이 문장은 상황을 정리해 주는 동시에 관계의 거리를 만들어 준다. 계속 설명하다가 상처받으니, 차라리 성격으로 묶어버리는 편이 덜 아프기 때문이다. 그래서 이 말은 게으른 태도라기보다, 더 상처받고 싶지 않은 마음의 선택일 수 있다.

기대에서 벗어나고 싶을 때 나오는 말

주변 사람들이 "너라면 잘할 수 있을 거야"라고 말할 때, 그 기대가 부담으로 다가오는 순간이 있다. 그럴 때 "나는 원래 그런 사람 아니야"라고 말하면 기대에서 한 발 물러설 수 있다. 이 말은 능력을 부정하는 선언이 아니라, 더 이상의 요구를 잠시 멈춰달라는 신호일 수 있다. 잘하지 못할까 봐 두려워서라기보다, 계속 잘해야 할 것 같은 압박에서 벗어나고 싶은 마음이 담겨 있다.

스스로를 가두는 말이 되는 순간

문제는 이 문장이 너무 자주, 너무 확실하게 쓰일 때다. 새로운 기회를 앞두고도 "나는 원래 이런 걸 못 해"라고 말해버리면, 시도해볼 여지 자체가 사라진다. 이때의 문장은 보호막이 아니라 울타리가 된다. 아직 해보지 않은 가능성까지 함께 묶어버리기 때문이다. 처음에는 마음을 지키기 위해 꺼낸 말이, 어느 순간부터는 나를 제한하는 설명이 될 수도 있다.

사실은 아직 말로 정리되지 않은 감정

"나는 원래 이런 사람이야"라는 말 뒤에는 종종 설명되지 않은 감정이 남아 있다. 실패했을 때의 민망함, 거절당할지도 모른다는 불안, 기대에 못 미칠까 봐 드는 긴장 같은 것들이다. 그 감정들을 하나하나 말로 풀어내기에는 에너지가 많이 든다. 그래서 우리는 그 모든 것을 한 문장으로 압축해 버린다. 그렇게 보면 이 말은 성격의 결론이 아니라, 아직 말하지 못한 감정의 요약일 수 있다.

조금 다른 말로 바꿔볼 수 있다면

꼭 이 문장을 완전히 버릴 필요는 없다. 다만 "나는 원래 이런 사람이야" 대신 "이 상황에서는 내가 좀 조심스러워지는 것 같아"라고 말해볼 수 있다. 그 차이는 크다. 전자는 자신을 고정시키지만, 후자는 상황을 열어둔다. 이렇게 말이 바뀌면 스스로를 바라보는 시선도 조금 달라진다. 나는 변하지 않는 사람이 아니라, 상황에 반응하는 사람이라는 쪽에 더 가까워진다.

　우리가 이 말을 자주 쓰는 이유는 생각보다 단순하다. 복잡한 마음을 한 문장으로 정리하고 싶어서다. 그 자체로는 잘못이 아니다. 다만 그 문장이 나를 이해하는 도구가 될지, 나를 가두는 설명이 될지는 우리가 어떻게 사용하느냐에 달려 있다. 오늘 하루를 돌아보며 이 말이 나왔던 순간을 떠올려본다면, 그때의 감정을 조금 더 부드럽게 바라볼 수 있을지도 모른다. 그렇게 한 번만 시선을 바꿔도, "나는 원래 이런 사람이야"라는 말은 조금 다른 의미로 들리기 시작한다.

10

하루가 끝나면
생각이 폭주하는 이유

아무 일도 없는 것 같은 하루였는데, 집에 돌아와 불을 끄고 나면 생각이 갑자기 많아지는 밤이 있다. 특별히 잘못한 것도 없고 큰 걱정거리가 있었던 것도 아닌데, 침대에 누운 순간부터 머릿속이 분주해지고, 낮에는 스쳐 지나갔던 장면들이 밤이 되자 하나둘 다시 떠오른다. 그때는 대수롭지 않게 넘겼던 말이나 표정이 괜히 마음에 걸리고, 이미 끝난 하루를 다시 붙잡고 혼자 복기하게 된다. 이런 밤이 반복되다 보면 "왜 나는 하루가 끝나면 꼭 이렇게 생각이 많아질까"라는 질문이 자연스럽게 따라온다.

하루가 조용해지면 비로소 들리는 마음

낮 동안 우리는 생각보다 많은 소음 속에 있다. 사람들과의 대화, 해야 할 일, 휴대폰 알림, 이동하는 시간까지, 의식하지 않아도 계속 무언가에 반응하며 하루를 보낸다. 그래서 낮에는 생각이 멈춘 것처럼 느껴지지만, 사실은 생각할 틈이 없었을 뿐일 수도 있다. 하루가 끝나고 집에 돌아와 조용해지면, 그동안 밀려 있던 마음이 비로소 목소리를 내기 시작한다. 낮에는 참고 넘겼던 서운함이나 말하지 못한 감정들이 "이제 나를 좀 봐줘"라고 신호를 보내는 것처럼 떠오른다. 그래서 밤의 생각 폭주는 새로운 문제가 생겨서가 아니라, 하루 동안 눌러두었던 마음이 자연스럽게 올라오는 과정일 수 있다.

괜찮은 척 넘긴 순간들이 돌아오는 밤

하루를 돌아보면 "괜찮아"라는 말을 유난히 많이 했던 날들이 있다. 회의에서 의견이 묻혔을 때도, 누군가의 말이 마음에 걸렸을 때도, 그냥 웃으며 넘겼던 순간들이 쌓인다. 그때는 상황을 매끄럽게 넘기느라 깊이 느끼지 않았지만, 밤이 되면 그 장면들이 다시 재생된다. "그때 왜 그렇게 말하지 못했을까", "괜히 신경 쓰였던 건 아니었을까"같은 생각이 이어지며, 이미 지나간 순간을 다시 붙잡게 된다. 이런 생각은 스스로를 괴롭히려는 마음이라기보다, 정리되지 않은 감정이 뒤늦게 자리를 찾으려는 움직임에 가깝다.

혼자 있는 시간이 생각을 키우는 이유

하루가 끝난 뒤의 혼자 있는 시간은 생각을 멈추게 하기보다는 오히려 키우는 방향으로 작용하기도 한다. 특히 사람들 앞에서 감정을 많이 조절하며 지낸 날일수록 그렇다. 낮 동안은 역할에 맞게 행동하고, 분위기를 맞추느라 내 감정을 뒤로 미뤄두었다면, 혼자가 된 순간 그 감정들이 한꺼번에 몰려온다. 이때의 생각은 논리적으로 정리된 생각이라기보다, 감성에 가까운 형태로 나타난다. 그래서 명확한 결론 없이 같은 생각을 반복하게 되고, 머릿속이 더 복잡해진 느낌을 받는다.

잘 쉬고 싶은 마음이 오히려 생각을 부르는 순간

아이러니하게도 "이제 좀 쉬어야지"라는 마음이 강할수록 생각은 더 활발해지기도 한다. 하루가 끝났으니 아무것도 하지 않고 쉬고 싶은데, 막상 누우면 오늘 하루를 평가하듯 떠올리게 된다. "오늘은 잘 보냈나", "이렇게 보내도 괜찮은 걸까" 같은 질문들이 이어지며, 쉬려는 마음이 오히려 생각의 출발점이 된다. 이는 쉬고 싶다는 마음이 크다는 증거이기도 하다. 잘 쉬고 싶은 만큼, 하루를 그냥 흘려보내기보다 의미를 확인하고 싶은 마음이 자연스럽게 따라오는 것이다.

생각이 많아진다는 건 하루를 성실히 산 흔적일지도 모른다

밤에 생각이 많아진다는 이유로 스스로를 예민하거나 부정적으로만 볼 필요는 없다. 오히려 하루 동안 주변을 살피고, 관계를 신경 쓰고, 맡은 역할을 다하려 애쓴 사람일수록 밤의 생각은 늘어난다. 생각이 폭주하는 밤은 마음이 약해서가 아니라, 하루를 대충 넘기지 않았다는 흔적일 수도 있다. 물론 그 생각이 길어지면 시지고 피곤해질 수 있지만, 그 출발점은 대체로 "잘 살고 싶다"는 마음과 연결되어 있다.

하루의 끝에서 생각을 밀어내지 않아도 괜찮다

생각이 많아지는 밤마다 "이러다 또 잠 못 자겠네"라며 조급해질 때가 있다. 하지만 그럴수록 생각은 더 커진다. 오히려 "오늘도 이런 생각이 나오는구나"하고 한 발 물러서서 바라보는 태도가 도움이 될 수 있다. 생각을 없애려 하기보다, 지금 내 마음이 어떤 이야기를 하고 있는지 가볍게 들어주는 쪽에 가깝다. 그렇게 생각과 거리를 조금 두면, 머릿속의 소음도 서서히 낮아진다.

하루가 끝나면 생각이 폭주하는 이유는 단순하다. 그만큼 하루 동안 마음이 쉬지 못했고, 이제야 숨을 돌릴 시간이 찾아왔기 때문이다. 이 시간을 무조건 불편한 것으로만 여기기보다, 마음이 하루를 정리하는 과정으로 바라볼 수 있다면 조금 덜 힘들어진다. 오늘의 생각이 완벽하게 정리되지 않아도 괜찮다. 내일로 이어질 수 있는 만큼만 내려놓아도 충분하다. 하루의 끝에서 생각이 많아지는 건, 아직 마음이 살아 있고 반응하고 있다는 증거일지도 모른다.

칼 융 심리학

사람들 앞에 서면 평소와 다른 사람이 되는 느낌은 낯설지 않다. 혼자 있을 때는 괜찮다가도 회의실에 들어가면 말수가 줄고, 가까운 사람 앞에서는 괜히 예민해지며, 어떤 자리에서는 유난히 밝아지는 자신을 발견한다. 하루 동안 우리는 여러 장면을 오가며 여러 모습으로 살아간다. 그런데 문득 그런 생각이 들 때가 있다. "이 중에 진짜 나는 누구지." 상황마다 달라지는 나를 떠올리다 보면, 스스로가 일관되지 못한 사람처럼 느껴지기도 한다.

칼 융은 이런 혼란을 이상한 상태로 보지 않았다. 그는 인간의 마음이 하나의 얼굴로만 살아가도록 만들어지지 않았다고 보았다. 사람은 관계 속에서 살아가기 때문에, 관계에 맞는 태도와 말투를 배우고 꺼내 쓴다. 회사에서의 나, 가족 앞에서의 나, 낯선 자리에서의 나는 서로 다른 인물이 아니라, 같은 사람이 상황에 맞게 조정한 모습들일 수 있다. 그래서 사람들 앞에서 달라지는 나의 모습은 거짓이 아니라, 관계에 적응해온 흔적일지도 모른다.

융의 시선에서 중요한 것은 어떤 모습이 진짜인지 가려내는 일이 아니다. 오히려 왜 이 상황에서는 이런 태도가 필요했는지, 왜 저 사람 앞에서는 말이 줄어들었는지를 이해하는 일이다. 우리는 종종 "나는 왜 이렇게 다를까"라며 스스로를 탓하지만, 그 질문은 방향을 조금 바꿀 필요가 있다. "나는 왜 이렇게 반응해야 했을까"라고 묻는 순간, 나를 평가하던 시선은 나를 이해하려는 시선으로 바뀐다.

사람들 앞에서 달라지는 모습이 부담스럽게 느껴지는 이유 중 하나는, 우리가 늘 하나의 모습으로 살아야 한다고 믿기 때문이다. 일관된 태도가 성숙함의 기준처럼 여겨지면서, 상황에 따라 변하는 자신을 불안정한 사람으로 오해한다. 하지만 융의 관점에서는, 여러 얼굴을 가진다는 것이 곧 혼란을 의미하지는 않는다. 오히려 관계를 유지하고 사회 속에서 살아가기 위해 마음이 스스로 균형을 맞추고 있다는 증거일 수 있다.

회의실에서 말이 줄어드는 나도, 친한 사람 앞에서 말이 많아지는 나도 모두 같은 사람이다. 다만 그 순간의 환경과 관계가 다른 반응을 끌어냈을 뿐이다. 융은 이 차이를 부정하거나 없애야 할 문제로 보지 않았다. 대신 각 모습이 어떤 마음에서 나왔는지를 살펴보는 일이 중요하다고 보았다. 그렇게 바라보면, 우리는 자신을 하나의 틀에 가두지 않아도 된다.

사람들 앞에서 유난히 긴장하거나, 괜히 밝아지거나, 반대로 조용해지는 순간이 있다면 그 역시 이유 없는 변화는 아니다. 그 자리에서 안전해지기 위해, 관계를 유지하기 위해, 혹은 스스로를 보호하기 위해 마음이 선택한 태도일 수 있다. 이때 중요한 것은 "이건 진짜 내가 아니야"라고 밀어내는 것이 아니라, "지금의 나는 이런 방식으로 나를 지키고 있구나"라고 알아차리는 일이다.

칼 융의 심리학은 우리에게 하나의 얼굴만 고집하지 않아도 된다고 말한다. 상황에 따라 달라지는 모습은 문제의 증거가 아니라, 우리가 관계 속에서 살아가고 있다는 흔적일 수 있다. 오늘은 말이 적었고, 어떤 날은 유난히 조심스러웠으며, 또 어떤 날은 평소보다 밝았다는 사실이 곧 나의 불안정함을 뜻하지는 않는다. 그것은 하루 동안 여러 관계를 지나왔다는 기록에 가깝다.

이 관점에서 보면, 사람들 앞에서 달라지는 자신을 덜 부담스럽게 바라볼 수 있다. 어느 모습이 진짜인지 고르려 애쓰기보다, 각 모습이 필요했던 이유를 이해하는 쪽이 마음을 덜 소모하게 만든다. 융의 시선은 우리에게 묻는다. "이 모습은 사라져야 할 얼굴일까, 아니면 잠시 필요했던 얼굴일까." 이 질문 하나만으로도, 우리는 스스로를 조금 덜 몰아붙이게 된다.

칼 융의 심리학은 변하지 말라고도, 하나로 통일하라고도 말하지 않는다. 대신 여러 모습으로 살아가도 괜찮다고, 그 안에서 나를 잃지 않으면 된다고 조용히 알려준다. 사람들 앞에서 달라지는 나를 부정하지 않고, 그 변화가 어떤 마음에서 비롯되었는지를 이해하려는 태도만으로도 우리는 충분히 안정적인 사람일 수 있다. 그 정도의 이해면, 관계 속에서 흔들리는 자신을 이전보다 조금 더 편안하게 받아들일 수 있다.

> 칼 융은 사람마다 상황에 따라 다른 얼굴을 가지고 살아간다고 보았다. 그는 우리가 사람들 앞에서 달라지는 모습을 문제로 규정하기보다, 마음이 적응하며 균형을 찾는 자연스러운 과정으로 바라보았다.

3장

왜 우리는 자꾸
남들과 나를 비교할까

나도 모르게
비교가 시작되는 순간

아무 생각 없이 지내고 싶어도 우리는 자주 다른 사람을 떠올리며 나를 겹쳐 보게 된다. 괜찮다고 느끼던 하루도 누군가의 소식을 스치듯 접하는 순간 마음이 미묘하게 흔들린다. 비교는 일부러 시작하지 않아도 자연스럽게 튀어나오고, 너무 익숙해서 내가 선택한 감정처럼 느껴지기도 한다. 그래서 비교를 한다는 사실만으로 스스로를 이상하게 볼 필요는 없다. 그만큼 우리는 늘 주변을 살피며 살아가는 존재이기 때문이다.

비교는 생각보다 먼저 시작된다

비교는 대개 의식보다 앞서 움직인다. "비교하면 안 되지"라고 생각하기도 전에 이미 마음은 반응해버린다. 출근길에 휴대폰을 보다가 친구의 근황을 보는 순간, 회의에서 동료의 말을 듣는 찰나에 마음이 먼저 움찔한다. 이때 머릿속에서는 이미 "나는 지금 어떤 상태일까"라는 질문이 지나간다. 비교는 계획된 행동이 아니라 자동 반응에 가깝다. 그래서 비교가 시작되는 속도는 생각보다 훨씬 빠르고, 그 빠름 때문에 우리는 비교를 통제하지 못한다고 느끼게 된다.

기준이 필요할 때 비교는 자동으로 붙는다

사람은 스스로를 판단할 절대적인 기준을 갖기 어렵다. 오늘 하루를 잘 살았는지, 지금 가고 있는 방향이 맞는지 판단하려면 어딘가에 기대야 한다. 그럴 때 가장 쉽게 붙잡히는 것이 주변 사람들이다. 나보다 조금 앞서 있는 사람, 비슷한 고민을 하는 사람, 내가 닮고 싶은 누군가가 기준이 된다. 비교는 나를 괴롭히기 위해 생겨난 것이 아니라, 불확실한 상황에서 나의 위치를 확인하려는 시도일 수 있다. 그래서 비교가 시작됐다는 사실은 지금 내가 방향을 찾고 있다는 신호일 수도 있다.

감정이 먼저 튀어나오는 이유

비교가 자동으로 시작될 때 가장 먼저 나타나는 것은 감정이다. 설명할 틈도 없이 기분이 가라앉거나, 이유 없는 초조함이 스며든다. 이 감정은 논리적으로 정리되기 전에 이미 몸과 마음에 닿는다. 그래서 "나는 저 사람과 상황이 다르다"고 머리로 이해하고 있어도 마음은 쉽게 가라앉지 않는다. 비교는 생각의 문제라기보다 감정의 반응에 가깝다. 이 점을 이해하지 못하면 우리는 자꾸 스스로에게 "왜 이렇게 쓸데없는 비교를 하지"라며 더 큰 부담을 얹게 된다.

비슷할수록 비교는 더 빨라진다

비교는 항상 나보다 훨씬 앞서 있는 사람에게만 향하지 않는다. 오히려 나와 비슷한 나이, 비슷한 환경, 비슷한 고민을 가진 사람에게서 더 강하게 일어난다. 같은 시기에 입사한 동료, 비슷한 삶의 난세를 지나고 있는 친구의 변화에 마음이 더 크게 흔들린다. 이는 그 사람의 모습이 나의 가능성과 자연스럽게 겹쳐 보이기 때문이다. "저 사람도 저렇게 되는데"라는 생각은, 지금의 나를 진지하게 바라보고 있다는 증거이기도 하다. 그래서 이런 비교는 더 빠르고 더 직접적으로 다가온다.

비교를 밀어낼수록 더 커질 때

비교를 느끼는 순간 많은 사람들은 곧바로 멈추려 한다. "이러면 안 돼"라며 마음을 다잡지만, 비교는 이미 자동으로 시작된 뒤다. 이때 억지로 밀어내려 할수록 비교는 오히려 더 선명해질 수 있다. 마음이 긴장하면 생각은 더 또렷해지고, 그 안에서 비교는 반복된다. 그래서 비교를 완전히 없애겠다는 태도보다, "아, 또 비교하고 있구나"하고 알아차리는 쪽이 부담이 덜하다. 비교를 인정하는 순간, 그 힘은 조금 느슨해질 수 있다.

비교 뒤에 숨어 있는 마음을 본다

비교는 그 자체가 목적이 아니다. 그 뒤에는 대개 확인하고 싶은 마음이 숨어 있다. "나는 잘 가고 있는 걸까", "지금 이대로 괜찮을까", "내가 놓치고 있는 건 없을까"같은 질문들이다. 비교는 이 질문들이 우회적으로 드러난 형태일 수 있다. 그래서 비교의 대상만 바라보기보다, 그 비교가 어떤 불안을 건드렸는지를 살펴보는 것이 도움이 된다. 그렇게 하면 비교는 나를 깎아내리는 도구가 아니라, 지금 마음의 상태를 알려주는 신호로 바뀔 수 있다.

비교는 쉽게 사라지지 않을 가능성이 크다. 하지만 비교가 자동으로 시작된다고 해서 그 흐름 끝까지 따라가야 하는 것은 아니다. 비교를 인간적인 반응으로 받아들이고, 그 뒤에 나에게 어떤 말을 건넬지를 조금씩 바꿔가는 것만으로도 마음은 덜 지친다. "왜 또 비교했지"가 아니라 "그럴 수 있겠다"라고 바라보는 시선은 생각보다 큰 여유를 만든다. 그렇게 비교를 대하는 태도가 달라질 때, 우리는 남과 나 사이에서 조금 더 편안한 자리를 찾게 된다.

02

부족하다고 느낄수록
더 애쓰는 이유

괜히 부족하다는 느낌이 드는 날에는 평소보다 더 바빠진다. 이미 충분히 하고 있는데도 마음은 자꾸 뒤처진 것 같고, 쉬고 있으면 안 될 것 같은 불안이 따라붙는다. 누가 재촉한 것도 아닌데 스스로를 몰아세우고, 애쓰는 와중에도 마음 한편은 편안해지지 않는다. 이상하게도 부족하다고 느낄수록 우리는 더 열심히 움직이게 된다. 그 과정이 꼭 잘못된 것만은 아닐지도 모른다.

부족함은 생각보다 감각에 가깝다

부족하다고 느끼는 순간을 떠올려 보면, 그 감정은 논리적으로 계산된 결과라기보다 막연한 느낌에 가깝다. 실제로는 남들만큼 하고 있어도, 마음속에서는 "아직 모자란 것 같다"는 생각이 먼저 스친다. 이 느낌은 숫자나 결과로 정확히 설명되지 않는다. 그래서 아무리 스스로에게 "괜찮다"고 말해도 쉽게 사라지지 않는다. 부족함은 판단이라기보다 마음의 신호처럼 나타나고, 그 신호에 우리는 자연스럽게 반응하게 된다.

불안은 행동을 재촉한다

부족하다고 느끼는 감정 뒤에는 대개 불안이 자리하고 있다. 이대로 있으면 안 될 것 같다는 마음, 멈추면 뒤처질 것 같다는 생각이 행동을 밀어붙인다. 그래서 피곤한 상태에서도 더 계획을 세우고, 이미 충분한데도 한 가지를 더 얹는다. 이때의 노력은 목표를 향한 즐거운 에너지라기보다, 불안을 잠재우기 위한 움직임에 가깝다. 불안이 강할수록 행동은 더 바빠지고, 쉬는 시간은 점점 불편해진다.

애쓰면 나아질 거라는 기대

우리는 흔히 애쓰는 만큼 부족함이 사라질 거라고 기대한다. 더 노력하면 이 감정도 줄어들 것 같고, 어느 순간에는 만족할 수 있을 거라 믿는다. 그래서 부족하다는 느낌이 들수록 지금보다 조금만 더 하면 된다고 스스로를 설득한다. 이 기대는 아주 자연스럽다. 실제로 노력은 삶을 움직이는 중요한 힘이기 때문이다. 다만 이 기대가 계속 미뤄질 때, 애씀은 점점 끝이 없는 상태가 될 수 있다.

비교가 애씀을 키울 때

부족하다는 느낌은 종종 비교와 함께 커진다. 다른 사람의 결과나 속도를 보며 나의 현재를 겹쳐 보는 순간, 애씀의 기준은 높아진다. "저 사람은 저만큼 하는데 나는 이 정도밖에 못 하고 있다"는 생각은 노력의 강도를 끌어올린다. 이때 애씀은 나만의 속도가 아니라, 타인의 기준에 맞춰 조정된다. 그래서 아무리 애써도 만족감은 늦게 찾아오고, 부족함은 쉽게 사라지지 않는다.

애씀은 나를 지키는 방식일 수도 있다

부족하다고 느낄 때 더 애쓰는 태도를 무조건 부정적으로 볼 필요는 없다. 애씀은 때론 무너지지 않기 위한 방어이기도 하다. 불안한 상황에서 가만히 있는 것보다 움직이는 편이 마음을 덜 흔들리게 만든다. 그래서 우리는 애씀을 통해 스스로를 붙잡는다. 다만 이 애씀에 휴식이 없을 때, 마음은 점점 지치기 시작한다. 애씀 자체보다, 애씀 외의 선택지가 사라질 때 부담이 커진다.

부족함을 채우기보다 다르게 바라본다

부족하다는 느낌이 올라올 때, 그것을 당장 채워야 할 결핍으로만 보지 않아도 된다. 그 감정은 지금 내가 무엇을 중요하게 여기고 있는지를 알려주는 신호일 수 있다. 그래서 애쓰기 전에 잠시 멈춰 "지금 나는 왜 이렇게 느끼고 있을까"를 묻는 것만으로도 흐름은 달라질 수 있다. 부족함을 없애야 할 적으로 보기보다, 현재의 마음 상태를 알려주는 표시로 받아들이는 태도는 애씀의 무게를 조금 덜어준다.

부족하다고 느낄수록 더 애쓰게 되는 마음은 이상한 반응이 아니다. 그것은 불안 속에서도 앞으로 나아가려는 자연스러운 움직임일 수 있다. 다만 그 애씀에 나를 돌보는 시선이 함께하지 않으면, 노력은 점점 숨이 가빠진다. 부족함을 느끼는 나를 다그치기보다, 그럴 수 있다고 인정해주는 순간 애씀의 방향은 조금 달라질 수 있다. 그렇게 애씀과 마음 사이의 거리를 조절해 나가는 과정에서 우리는 조금 덜 지친 방식으로 자신을 움직이게 된다.

03

인정받고 싶다는
마음의 정체

누군가에게 한 일을 이야기하고 나서 괜히 반응을 기다리게 되는 순간이 있다. 대단한 칭찬이 아니어도 괜찮은데, 아무 말이 없으면 마음 한쪽이 허전해진다. 잘했다고 말해 달라고 요구한 적은 없지만, 알아주었으면 하는 마음은 자연스럽게 남는다. 이런 마음이 반복되면 우리는 스스로에게 묻게 된다. 왜 이렇게 인정이 필요할까, 왜 남들의 시선에 자꾸 흔들릴까하고 말이다.

인정받고 싶다는 마음은 너무 자연스럽다

인정받고 싶다는 욕구는 특별한 성격의 문제가 아니다. 사람은 사회 속에서 살아가는 존재이기 때문에, 타인의 반응을 통해 자신을 확인한다. 내가 한 말이 괜찮았는지, 지금의 선택이 무리가 아니었는지, 이런 판단은 혼자만의 기준으로는 쉽게 내려지지 않는다. 그래서 누군가의 고개 끄덕임이나 짧은 한마디에 마음이 놓이기도 한다. 인정받고 싶다는 마음은 잘 보이고 싶어서라기보다, 지금의 내가 괜찮은 위치에 있다는 확인을 받고 싶은 마음에 가깝다.

인정은 나의 존재를 비춰주는 거울이다

우리는 스스로를 완전히 객관적으로 바라보기 어렵다. 그래서 타인의 반응은 나를 비춰보는 거울처럼 작용한다. 누군가가 내 이야기를 진지하게 들어주거나, 수고했다고 말해줄 때 나는 나의 존재가 이 공간에 잘 놓여 있다는 느낌을 받는다. 이때의 인정은 성과에 대한 평가라기보다, 존재에 대한 확인에 가깝다. 그래서 아무리 스스로를 단단히 세운 사람이라도 인정이 전혀 필요 없지는 않다. 인정은 나를 과시하기 위한 연료라기보다, 흔들리지 않기 위한 기준점일 수 있다.

인정이 부족할수록 비교는 더 잦아진다

인정을 충분히 받지 못한다고 느낄 때, 우리는 자연스럽게 주변을 살피게 된다. 다른 사람은 어떻게 평가받고 있는지, 누가 더 주목받는지를 자꾸 보게 된다. 이때 비교는 단순한 호기심이 아니라, "나는 괜찮은 사람일까"라는 질문의 연장선에 있다. 비교를 통해 나의 위치를 가늠하고, 부족한 부분을 확인하려 한다. 그래서 인정이 채워지지 않을수록 비교는 더 자주, 더 예민하게 시작될 수 있다. 이는 경쟁심 때문이라기보다, 스스로를 확인하고 싶은 마음이 커졌기 때문이다.

인정받고 싶다는 마음과 애씀의 연결

인정을 받고 싶다는 마음은 행동을 더 부지런하게 만들기도 한다. 칭찬을 받았던 방식, 주목받았던 순간을 떠올리며 비슷한 선택을 반복하려 한다. 이 애씀은 나를 성장시키는 힘이 되기도 하지만, 동시에 나를 지치게 만들 수도 있다. 특히 인정이 결과로만 돌아올 때, 우리는 점점 더 많은 것을 증명해야 할 것처럼 느낀다. 이 과정에서 애씀은 즐거움보다는 의무에 가까워지고, 인정은 목표가 되어버린다. 그럴수록 마음은 쉽게 만족하지 못한다.

인정받지 못할 때 생기는 오해들

인정을 받지 못했다고 느끼는 순간, 우리는 종종 상황을 확대해서 해석한다. 아무 말이 없으면 관심이 없는 것 같고, 반응이 늦으면 내가 부족한 것처럼 느껴진다. 하지만 타인의 반응은 늘 나를 중심으로 움직이지 않는다. 상대도 바쁘고, 표현이 서툴 수 있으며, 마음속으로는 충분히 좋게 보고 있을 수도 있다. 인정이 바로 돌아오지 않는다고 해서, 나의 가치가 줄어든 것은 아니다. 다만 그 순간의 침묵이 마음을 불안하게 만들 뿐이다.

인정을 다르게 받아들이는 연습

인정받고 싶다는 마음을 없애려고 애쓸 필요는 없다. 그보다는 그 욕구를 어떻게 바라볼지가 중요하다. 누군가의 반응이 없을 때, 그것을 곧바로 나에 대한 평가로 연결하지 않는 연습이 도움이 될 수 있다. 그리고 때로는 스스로에게 먼저 인정의 말을 건네는 것도 필요하다. "이 정도면 충분히 했다"는 말을 남에게서만 기다리지 않고, 나 자신에게도 해주는 것이다. 이렇게 인정의 방향이 조금 넓어지면, 타인의 시선에 흔들리는 폭은 자연스럽게 줄어든다.

인정받고 싶다는 마음은 약함의 증거가 아니다. 그것은 관계 속에서 살아가는 사람이라면 누구나 품게 되는 자연스러운 감정이다. 다만 그 마음이 비교와 불안으로만 이어질 때 우리는 더 지쳐간다. 인정이 필요하다는 사실을 부정하기보다, 그럴 수 있다고 받아들이는 태도는 마음을 한결 부드럽게 만든다. 그렇게 인정의 의미를 조금씩 다르게 이해해 갈 때, 우리는 남의 시선 속에서도 나를 잃지 않는 방향을 찾아가게 된다.

04

잘하고 있는데도
불안해지는 순간

잘 해내고 있다는 말을 들었는데도 마음이 편해지지 않는 순간이 있다. 결과는 나쁘지 않고 주변의 평가도 괜찮은데, 이상하게 안심이 되지 않는다. 오히려 "이 정도로 괜찮아도 되는 걸까"같은 생각이 뒤따른다. 잘하고 있음에도 불안해지는 이 느낌은 설명하기 어렵고, 그래서 더 혼자만의 문제처럼 느껴진다. 하지만 이런 순간을 겪는 사람은 생각보다 많다.

불안은 실패가 아니라 유지에 대한 감각이다

잘하고 있는데도 불안해질 때, 우리는 그 불안을 실패의 신호로 오해하기 쉽다. 하지만 이 불안은 무언가를 망칠 것 같아서라기보다, 지금의 상태를 유지해야 한다는 압박에서 생기는 경우가 많다. 한 번 잘 해냈다는 경험은 다음에도 비슷한 결과를 기대하게 만들고, 그 기대는 부담으로 바뀐다. 그래서 불안은 뒤처졌다는 느낌이 아니라, 지금의 자리를 지켜야 한다는 부담에서 비롯될 수 있다. 그럴 수 있다.

기준이 올라가면 마음은 먼저 긴장한다

어느 정도 성과를 경험하고 나면, 나도 모르게 나 자신에게 적용하는 기준이 달라진다. 예전에는 만족했을 결과가 이제는 당연한 수준처럼 느껴진다. 기준이 높아진 만큼 마음은 먼저 긴장하고, 작은 흔들림에도 불안이 반응한다. 이때 불안은 능력이 부족해서 생긴다기보다, 기대치가 바뀌었기 때문에 나타난다. 잘하고 있기 때문에 오히려 더 조심스러워지는 마음이라고 볼 수도 있다.

비교는 불안을 조용히 키운다

잘하고 있을 때도 우리는 은근히 주변을 살핀다. 나와 비슷한 위치에 있는 사람, 조금 앞서 있는 사람의 속도가 눈에 들어온다. 이 비교는 겉으로 드러나지 않게 불안을 키운다. "나는 잘하고 있지만, 더 잘하는 사람도 많다"는 생각이 마음 한쪽에 남는다. 이때의 불안은 경쟁심보다도, 지금의 상태가 충분한지 확인하고 싶은 마음에서 비롯된다. 그래서 잘하고 있어도 마음은 쉽게 안심하지 못한다.

칭찬이 불안을 잠재우지 못할 때

칭찬을 들어도 불안이 사라지지 않을 때가 있다. 그 말이 진심이 아닌 것 같아서가 아니라, 그 칭찬이 일시적인 것처럼 느껴지기 때문이다. "이번에는 잘했지만 다음에도 그럴까"라는 생각이 뒤따른다. 이때 우리는 현재의 평가보다 미래의 불확실성에 더 집중한다. 그래서 칭찬은 잠깐의 위로가 되지만, 마음 깊은 곳의 불안을 완전히 잠재우지는 못한다. 이런 반응도 충분히 그럴 수 있다.

불안은 준비 상태를 알려주는 신호일 수 있다

잘하고 있는데도 불안해지는 순간은, 내가 이 일이나 이 관계를 가볍게 여기지 않고 있다는 증거일 수 있다. 중요하지 않다면 불안도 크지 않다. 불안은 지금의 상황에 진지하게 임하고 있다는 신호처럼 나타나기도 한다. 그래서 이 불안을 무조건 없애야 할 감정으로만 보지 않아도 된다. 불안하다는 것은 내가 현재를 함부로 넘기지 않고 있다는 뜻일 수도 있다.

불안을 없애려 하기보다 함께 둔다

잘하고 있음에도 느껴지는 불안을 완전히 없애려 하면, 마음은 오히려 더 긴장한다. "이 정도면 불안하지 않아야 하는데"라는 생각이 또 다른 압박이 되기 때문이다. 불안을 느끼는 나를 문제 삼기보다, "지금 이만큼 해내고 있어서 이런 마음도 올라오는구나"라고 바라보는 태도가 도움이 될 수 있다. 불안을 몰아내기보디 옆에 두고 지켜보는 선택은, 마음을 조금 더 안정적인 방향으로 이끈다.

잘하고 있는데도 불안해지는 순간은 이상한 상태가 아니다. 그것은 지금의 나를 지키고 싶고, 이 흐름을 소중하게 여기고 있다는 마음의 표현일 수 있다. 불안을 느낀다고 해서 내가 부족해졌다는 뜻은 아니다. 그럴 수 있다는 여지를 남겨두는 것만으로도 마음은 조금 느슨해진다. 그렇게 불안을 적으로 보지 않고 이해의 대상으로 바라볼 때, 우리는 잘하고 있는 자신을 조금 더 편안하게 받아들이게 된다.

05

스스로를
깎아내리는 말버릇

무언가를 해내고 나서도 우리는 종종 스스로에게 먼저 한마디를 덧붙인다. "운이 좋았을 뿐이야", "이 정도는 누구나 해", "다음엔 못할지도 몰라"같은 말들이다. 겉으로는 겸손처럼 보이지만, 마음속에서는 나를 한 발 뒤로 물러서게 만든다. 누가 깎아내린 것도 아닌데 스스로 먼저 선을 긋는 이 말버릇은 꽤 오래된 습관처럼 따라다닌다. 그리고 이상하게도 비교가 잦아질수록 이런 말들은 더 자연스럽게 튀어나온다.

깎아내리는 말은 나를 보호하려는 방식이다

스스로를 낮추는 말버릇은 단순한 자존감 부족의 결과로만 볼 수 없다. 이 말들은 종종 상처를 미리 피하려는 방어처럼 작동한다. 기대를 낮춰두면 실망도 덜 할 것 같고, 스스로를 낮춰두면 남의 평가가 덜 아프게 느껴질 것 같기 때문이다. 그래서 "별거 아니야"라는 말은 나를 공격하는 문장처럼 보이지만, 동시에 나를 지키려는 선택일 수도 있다. 그런 방식이 익숙해졌을 뿐이다.

비교 속에서 말은 더 날카로워진다

남들과 나를 자주 비교할수록, 나를 향한 말은 점점 엄격해진다. 다른 사람의 장점이 또렷해질수록, 나의 부족한 부분도 더 크게 보인다. 이때 우리는 타인에게는 하지 않을 말을 나에게만 쉽게 던진다. "쟤에 비하면 나는 아직 멀었어"같은 말은 비교에서 출발해 스스로를 깎아내리는 문장으로 이어진다. 이런 말은 사실을 정확히 반영한다기보다, 비교가 만들어낸 감정의 언어에 가깝다.

익숙한 말은 생각 없이 튀어나온다

스스로를 낮추는 말은 의식적으로 선택되지 않는 경우가 많다. 누군가 칭찬하면 반사적으로 "아니에요"가 먼저 나오고, 잘한 일을 이야기하다가도 마지막에 스스로 평가를 덧붙인다. 이 말들은 오래 반복되면서 생각을 거치지 않고 튀어나오는 습관이 된다. 그래서 그 말을 할 때마다 특별히 아프게 느껴지지 않지만, 쌓이고 나면 마음의 방향을 조금씩 아래로 끌어내린다. 말은 가볍게 흘러가지만, 그 말이 가리키는 방향은 계속 누적된다.

겸손과 자기부정은 다를 수 있다

많은 사람들이 스스로를 깎아내리는 말을 겸손이라고 생각한다.

튀지 않기 위해, 미움받지 않기 위해 자신을 낮춘다. 하지만 겸손은 나를 없애는 태도가 아니라, 나를 과장하지 않는 태도에 가깝다. "잘했지만 아직 배울 게 많아"와 "이거 잘한 게 아니야"는 전혀 다른 말이다. 전자는 여지를 남기지만, 후자는 나를 지워버린다. 이 차이를 구분하지 못하면 겸손이라는 이름으로 자기부정을 반복하게 된다.

말은 나를 믿는 방식이 된다

우리가 반복해서 사용하는 말은 생각보다 큰 힘을 가진다. "나는 원래 이 정도야"라는 말은 설명처럼 들리지만, 동시에 나의 가능성을 제한하는 문장이 된다. 이런 말들이 쌓이면, 새로운 기회 앞에서 스스로 한 발 물러서게 된다. 말이 곧바로 행동을 결정하지는 않지만, 행동이 움직일 수 있는 범위를 정해버리기도 한다. 그래서 스스로를 깎아내리는 말은 나를 현실적으로 만들기보다, 조심스럽게 만드는 경우가 많다.

말버릇을 고치기보다 바라본다

스스로를 낮추는 말버릇을 당장 없애야 할 문제로 볼 필요는 없다. 그 말이 언제, 어떤 상황에서 나오는지를 살펴보는 것만으로도 충분하다. 긴장될 때, 비교가 심해질 때, 평가받는 자리에 있을 때 이런 말이 더 자주 나올 수 있다. 그렇다면 그 말은 나를 깎아내리기 위해서라기보다, 불안을 조절하려는 신호일지도 모른다. 그럴 수 있다고 이해하는 순간, 말은 조금 다른 선택지를 갖게 된다.

스스로를 깎아내리는 말버릇은 나를 싫어해서 생긴 것이 아닐 수 있다. 오히려 상처받지 않으려는 마음, 기대를 조절하려는 마음에서 시작된 습관일 수 있다. 그 말을 없애겠다고 다짐하기보다, 그런 말이 나올 만큼 내가 긴장하고 있었다는 사실을 알아차리는 것이 먼저일지도 모른다. 그렇게 말과 마음 사이를 조금 느슨하게 바라볼 수 있을 때, 우리는 나를 낮추지 않으면서도 충분히 조심스러울 수 있는 자리를 찾게 된다.

알프레드 아들러 심리학

우리는 자주 자신을 남들과 비교한다. 잘하고 있는 순간에도 누군가의 성과가 눈에 들어오고, 괜히 마음이 불편해진다. 충분히 애쓰고 있는데도 더 노력해야 할 것 같은 압박이 생기고, 스스로를 깎아내리는 말이 자연스럽게 떠오르기도 한다. 이런 비교의 순간마다 우리는 자신을 약한 사람처럼 느낀다. "나는 왜 이렇게 남을 의식할까", "왜 이 정도로도 만족하지 못할까"라는 질문이 마음을 무겁게 만든다. 하지만 이 비교의 감정을 전혀 다른 방향에서 바라본 사람이 있었다.

알프레드 아들러는 비교와 열등감을 인간의 결함으로 보지 않았다. 그는 열등감이야말로 인간을 움직이게 만드는 가장 기본적인 감정일 수 있다고 보았다. 지금의 나와 원하는 모습 사이에 간격이 있음을 느끼는 순간, 마음은 자연스럽게 앞으로 나아가려는 방향을 찾는다. 그래서 열등감은 단순히 자존감이 낮아서 생기는 감정이 아니라, 더 나아지고 싶다는 욕구가 이미 작동하고 있다는 신호일 수 있다. 비교가 시작되는 순간은, 이미 마음이 멈춰 있지 않다는 증거이기도 하다.

아들러의 관점에서 중요한 것은 "왜 나는 부족할까"라는 질문이 아니다. 그가 던진 질문은 언제나 조금 달랐다. "나는 무엇을 향해 가고 있는가", "이 비교는 나에게 어떤 방향을 말해주고 있는가"라는 질문이다. 비교는 늘 위를 향해 일어난다. 누군가의 성취가 마음을 건드렸다는 것은, 그 모습이 나의 바람과 맞닿아 있다는 뜻일 수 있다. 그래서 비교는 나를 괴롭히기 위해 나타나는 감정이 아니라, 내가 중요하게 여기는 가치를 드러내는 방식일지도 모른다.

우리는 흔히 열등감을 느끼는 자신을 다그친다. "이런 생각은 하면 안 돼", "남과 비교하는 건 미성숙해"라고 스스로를 단속한다. 하지만 아들러의 시선에서 보면, 열등감을 없애려는 태도는 오히려 마음을 더 불안하게 만들 수 있다. 방향을 잃은 채 감정만 눌러두면, 비교는 사라지지 않고 다른 형태로 돌아온다. 그는 열등감을 없애는 것이 아니라, 그 감정이 가리키는 방향을 이해하는 일이 더 중요하다고 보았다.

아들러는 인간이 의미 없는 경쟁 속에서 사는 존재가 아니라고 보았다. 그는 각자가 자신만의 삶의 방향과 목표를 가지고 있으며, 비교는 그 목표가 아직 분명하지 않을 때 더 강하게 나타난다고 설명했다. 남들의 속도가 유난히 크게 느껴질 때는, 내가 어디로 가고 싶은지에 대한 기준이 흔들리고 있을 가능성이 크다. 이럴 때 필요한 것은 비교를 멈추는 결심이 아니라, 나만의 방향을 다시 묻는 일이다.

이 시선에서 보면, 비교는 반드시 나쁜 감정이 아니다. 비교가 시작되는 순간은, 내가 중요하게 여기는 가치가 무엇인지 드러나는 순간일 수 있다. 인정받고 싶다는 마음, 의미 있는 존재가 되고 싶다는 욕구, 지금보다 나아지고 싶다는 바람은 모두 인간적인 욕구다. 아들러는 이런 욕구를 부끄러워하지 말라고 말한다. 대신 그 욕구를 남과의 경쟁이 아니라, 나의 삶을 향한 질문으로 돌려보자고 제안한다.

알프레드 아들러의 심리학은 우리에게 비교를 멈추라고 요구하지 않는다. 대신 비교를 바라보는 방향을 바꿔보자고 말한다. 비교하는 순간 자신을 깎아내리기보다, "나는 무엇을 중요하게 여기고 있지"라고 묻는 태도가 필요하다고 말한다. 그렇게 질문이 바뀌면, 열등감은 나를 압박하는 감정이 아니라 나를 안내하는 신호로 성격이 달라진다.

비교 속에서 마음이 자주 흔들린다면, 그것은 내가 부족해서가 아니라 아직 나만의 기준을 계속 만들어가고 있기 때문일 수 있다. 아들러의 시선은 우리를 경쟁에서 내려오게 하기보다, 각자의 길로 돌아오게 만든다. 남과 나를 나란히 세워 우열을 가리기보다, 나의 방향과 속도를 다시 확인하도록 돕는다.

알프레드 아들러의 심리학은 열등감을 없애는 방법을 알려주지 않는다. 대신 그 감정을 삶의 일부로 받아들이는 용기를 건넨다. 비교로 마음이 흔들리는 날이 있다면, 그 순간을 실패로만 해석하지 않아도 괜찮다. 그것은 지금의 내가 여전히 앞으로 나아가고 있다는 신호일 수 있다. 그 정도의 이해만으로도, 우리는 비교 속에서 조금 덜 자신을 몰아붙일 수 있다.

> 알프레드 아들러는 비교와 열등감을 나약함의 증거로 보지 않았다. 그는 이런 감정이 더 잘 살아가고 싶다는 마음에서 비롯된 것일 수 있으며, 삶의 방향을 점검하게 만드는 신호가 될 수 있다고 보았다.

4장

관계가 시작되면
생각은 왜 더 복잡해질까

01

혼자 있을 땐 괜찮은데
사람이 힘든 이유

혼자 있을 때는 비교적 괜찮은데, 사람을 만나고 돌아오면 괜히 마음이 무거워지는 날이 있다. 특별히 불편한 일이 있었던 것도 아닌데 머릿속이 복잡해지고, 집에 와서야 피로가 몰려온다. 누군가와 함께 있는 시간 자체가 싫은 것은 아닌데, 관계가 시작되는 순간 생각은 유난히 많아진다. 그래서 우리는 스스로에게 묻게 된다. 왜 혼자 있을 때보다 사람들과 있을 때 더 힘들어지는 걸까 하고 말이다.

관계에서는 마음이 계속 움직인다

혼자 있을 때 마음은 비교적 한 방향으로 흐른다. 하고 싶은 것, 쉬고 싶은 것, 지금의 기분에 맞춰 생각이 움직인다. 하지만 사람이 함께 있는 순간 마음은 여러 갈래로 나뉜다. 상대의 표정, 말투, 반응을 동시에 살피게 되고 그 안에서 나의 말과 행동도 계속 조정된다. 이런 상태는 자연스럽게 에너지를 소모한다. 관계 속에서 생각이 많아지는 이유는 내가 예민해서라기보다, 마음이 동시에 처리해야 할 정보가 늘어났기 때문이다. 그럴 수 있다.

타인의 시선이 생각을 늘린다

사람이 힘들어지는 순간을 자세히 들여다보면, 그 중심에는 타인의 시선이 있다. 실제로 평가받고 있지 않더라도, 우리는 관계 속에서 늘 어느 정도의 시선을 의식한다. "이 말은 괜찮았을까", "방금 표정이 이상하지 않았을까"같은 생각은 관계를 유지하려는 자연스러운 반응이다. 문제는 이 시선이 길어질 때다. 혼자 있을 때는 필요 없는 질문들이 관계 속에서는 끊임없이 떠오르고, 그만큼 머릿속은 바빠진다.

관계는 감정을 숨기게 만들기도 한다

혼자 있을 때는 피곤하면 피곤하다고 느끼면 그만이다. 하지만 사람과 함께 있을 때는 감정을 그대로 드러내기 어렵다. 분위기를 깨고 싶지 않아서, 괜히 예민한 사람으로 보이고 싶지 않아서 마음을 한 번 더 누른다. 이렇게 쌓인 감정은 그 자리에서는 잘 느껴지지 않다가, 혼자가 되었을 때 비로소 드러난다. 그래서 사람을 만난 뒤에 더 피곤해지는 느낌이 드는 것이다. 이 피로는 관계가 나쁘다는 신호라기보다, 감정을 조절하느라 애쓴 흔적일 수 있다.

가까울수록 더 신경 쓰이기도 한다

낯선 사람보다 가까운 사람이 더 힘들게 느껴질 때도 있다. 이유 없이 예민해지고, 사소한 말에도 마음이 흔들린다. 이는 관계가 깊어질 수록 잃고 싶지 않은 마음이 커지기 때문이다. 가까운 사람의 반응은 나에게 더 크게 다가오고, 그래서 생각도 더 많아진다. 이런 반응은 관계에 문제가 있어서라기보다, 그만큼 그 관계를 중요하게 여기고 있다는 의미일 수 있다. 중요하지 않다면 생각도 많아지지 않는다.

사람이 힘들다는 말의 진짜 의미

"사람이 힘들다"는 말은 사실 사람 자체가 싫다는 뜻은 아니다. 많은 경우 그 말은 관계 속에서 나를 계속 조정하고 있다는 피로를 담고 있다. 내 말과 행동, 감정을 상황에 맞게 맞추느라 마음이 쉬지 못하는 상태다. 그래서 혼자 있으면 괜찮아지고, 다시 사람을 만나면 또 생각이 많아진다. 이 반복은 성격의 문제라기보다, 관계 속에서 나를 지키고 조율하려는 자연스러운 과정일 수 있다.

거리와 회복이 필요한 순간

사람이 힘들게 느껴질 때, 꼭 관계를 줄이거나 끊어야 하는 것은 아니다. 때로는 관계 자체보다 회복의 시간이 부족했을 수도 있다. 혼자 있는 시간이 단절이 아니라 회복으로 기능할 때, 관계는 다시 숨 쉴 여지를 얻는다. 혼자 있어야 괜찮아지는 나를 문제 삼기보다, 그 시간이 나에게 필요한 리듬이라는 점을 인정하는 것이 도움이 된다. 그럴 수 있다고 받아들이는 순간, 사람과 나 사이의 거리는 조금 더 부드러워질 수 있다.

혼자 있을 땐 괜찮은데 사람이 힘들게 느껴지는 순간은 이상한 상태가 아니다. 그것은 관계 속에서 마음이 얼마나 많이 움직였는지를 알려주는 신호일 수 있다. 사람을 좋아하면서도 사람이 힘들 수 있고, 관계를 소중히 여기면서도 혼자가 필요한 순간은 생긴다. 이런 마음을 억지로 고치려 하기보다 그럴 수 있다고 허용하는 태도는 관계를 더 오래, 덜 지치게 이어가게 만든다. 그렇게 혼자와 관계 사이를 오가며 자신만의 속도를 찾아가는 과정은 충분히 자연스러운 일이다.

02

가까울수록
상처받는 말들

아무렇지 않게 던진 말인데, 그 말이 오래 마음에 남는 날이 있다. 다른 사람이 했으면 대수롭지 않았을 말이, 유독 가까운 사람에게서 나오면 쉽게 잊히지 않는다. 괜찮다고 넘기려 해도 자꾸 떠오르고, 그 말에 담긴 의도를 혼자서 여러 번 되짚어 보게 된다. 그래서 관계가 깊어질수록 우리는 말에 더 예민해진다. 그 반응이 과한 것은 아닐지도 모른다.

가까울수록 말은 더 크게 들린다

가까운 사람의 말은 단순한 정보로 지나가지 않는다. 그 말에는 그동안 쌓아온 관계의 기억과 감정이 함께 실려 있다. 그래서 같은 문장이라도 가까운 사람이 말하면 마음에 더 크게 와닿는다. "괜찮겠어"라는 한마디도 상황에 따라 걱정으로 들릴 수도, 의심으로 들릴 수도 있다. 가까운 관계에서는 말의 무게가 커지고, 그만큼 상처받을 가능성도 자연스럽게 높아진다.

기대가 클수록 말은 더 아프다

가까운 사람에게는 무의식적으로 더 많은 기대를 걸게 된다. 이해해 줄 거라는 기대, 나의 마음을 알아줄 거라는 바람이 쌓인다. 그래서 그 기대에서 조금만 벗어난 말이 나올 때 실망은 상처로 바뀐다. 상대가 나를 몰라서라기보다, 내가 기대했던 방식과 달랐기 때문에 아프게 느껴진다. 이때의 상처는 관계가 부족해서가 아니라, 그만큼 소중하게 여기고 있었기 때문에 생길 수 있다.

말 뒤에 숨은 의미를 찾게 된다

가까운 관계에서는 말 그대로보다 말 뒤의 의도를 더 많이 해석하게 된다. "그렇게까지 할 필요는 없잖아"라는 말 한마디에도 우리는 여러 의미를 덧붙인다. 나를 걱정한 말인지, 나를 얕잡아본 말인지 혼자서 판단하려 한다. 이런 해석은 관계를 지키고 싶다는 마음에서 비롯된다. 하지만 그 과정에서 말은 점점 더 복잡해지고, 상처는 깊어질 수 있다.

상처받았다는 감정을 숨기게 된다

가까울수록 우리는 상처받았다는 말을 쉽게 꺼내지 못한다. 괜히 예민한 사람처럼 보일까 봐, 관계가 어색해질까 봐 마음을 삼킨다. 그래서 "아니야, 괜찮아"라고 말하면서도 속으로는 그 말을 계속 곱

씹는다. 표현되지 않은 감정은 사라지지 않고 마음속에 남아 관계를 너 피곤히게 만든다. 상처를 말하지 못하는 이유는 약해서가 아니라, 관계를 잃고 싶지 않기 때문이다.

서로 다른 언어로 말하고 있을지도 모른다

사람마다 말에 담는 방식과 기대하는 반응은 다르다. 어떤 사람에게는 솔직한 말이 애정의 표현일 수 있고, 다른 사람에게는 무심한 말로 느껴질 수 있다. 가까운 관계일수록 이런 차이는 더 크게 드러난다. 상처가 생겼다고 해서 누군가가 반드시 잘못한 것은 아닐 수 있다. 서로 다른 언어로 말하고 있었을 가능성도 충분하다. 이 차이를 이해하지 못하면 말은 계속 엇갈린다.

상처를 줄이기 위한 작은 여지

가까운 사람의 말에 상처받았을 때, 그 감정을 억지로 없애려 할 필요는 없다. "왜 이렇게 예민하지"라고 나를 다그치기보다, 그럴 수 있다고 인정하는 것이 먼저일 수 있다. 그리고 가능하다면 말의 의도를 단정하지 않고 잠시 여지를 남겨두는 것도 도움이 된다. 상대의 말이 곧바로 나에 대한 평가나 거절은 아닐 수 있기 때문이다. 이 여지는 상처를 없애기보다, 상처가 커지지 않도록 도와준다.

가까울수록 상처받는 말이 생기는 것은 이상한 일이 아니다. 그만큼 관계에 마음을 많이 쓰고 있다는 뜻일 수 있다. 말에 상처받지 않으려 애쓰기보다, 상처받을 수 있는 만큼 소중한 관계라는 사실을 인정하는 태도는 마음을 조금 부드럽게 만든다. 그렇게 말과 감정 사이에 숨 쉴 공간을 남겨둘 때, 관계는 덜 아프게 이어질 수 있다.

03

사랑이 불안으로
변하는 순간

처음에는 설레기만 하던 관계가 어느 순간부터 마음을 불안하게 만들 때가 있다. 좋아하는 마음은 그대로인데, 그 마음이 편안함보다는 걱정과 긴장을 더 많이 데려온다. 연락이 늦어지는 시간, 말투의 작은 변화, 사소한 침묵에도 마음이 먼저 반응한다. 사랑이 깊어졌을 뿐인데 왜 마음은 더 흔들리는지 스스로도 이해하기 어렵다. 하지만 이런 변화는 생각보다 낯설지 않은 흐름일지도 모른다.

사랑은 마음의 중심을 바꾼다

사랑이 시작되면 마음의 중심이 나에게서 관계로 조금씩 이동한다. 혼자일 때는 크게 신경 쓰지 않던 일들도, 사랑하는 사람이 생기면 중요해진다. 나의 하루뿐 아니라 상대의 하루가 마음에 들어오기 때문이다. 이 변화는 자연스럽다. 다만 중심이 이동한 만큼, 마음은 이전보다 더 많은 정보와 감정을 처리하게 된다. 불안은 이 과정에서 생겨나는 부작용처럼 나타날 수 있다.

잃고 싶지 않다는 마음이 커질수록

사랑이 불안으로 바뀌는 순간에는 대개 잃고 싶지 않다는 마음이 자리하고 있다. 관계가 소중해질수록, 그 관계가 흔들릴 가능성도 함께 떠오른다. 그래서 작은 신호에도 마음이 먼저 대비한다. 연락이 줄어들면 혹시 멀어지는 건 아닐지, 바쁜 날이 이어지면 마음이 식은 건 아닐지 혼자서 여러 가정을 세운다. 이런 불안은 사랑이 부족해서가 아니라, 사랑이 커졌기 때문에 생길 수 있다. 그럴 수 있다.

확인이 필요해지는 순간들

사랑이 안정적일 때는 굳이 확인하지 않아도 마음이 괜찮다. 하지만 불안이 올라오면 우리는 자꾸 확인하고 싶어진다. 괜찮은지 묻고, 마음이 같은지 알고 싶어지고, 반응 하나에도 의미를 부여한다. 이 확인은 상대를 의심해서라기보다, 나의 마음을 안심시키기 위한 행동일 수 있다. 문제는 확인이 잦아질수록 관계가 더 불안하게 느껴질 때도 있다는 점이다. 확인은 잠깐의 안정을 주지만, 불안을 완전히 없애주지는 않는다.

과거의 경험이 현재를 흔든다

사랑이 불안으로 변하는 데에는 과거의 경험이 영향을 미치기도 한다. 이전 관계에서의 상처, 갑작스러운 이별, 충분히 설명되지 않았던 감정들은 새로운 사랑 앞에서 다시 고개를 든다. 지금의 상대가 과거와 다르다는 걸 알면서도, 마음은 비슷한 상황을 경계한다. 그래서 현재의 관계가 과거의 기억과 겹쳐 보일 때 불안은 더 빠르게 다가온다. 이는 지금의 사랑을 부정해서라기보다, 다시 아프고 싶지 않은 마음에서 비롯될 수 있다.

사랑과 불안을 동시에 느낄 수 있다

많은 사람들은 사랑하면 불안하지 않아야 한다고 생각한다. 그래서 불안을 느끼는 자신을 이상하게 여기거나, 사랑이 잘못된 건 아닐지 걱정한다. 하지만 사랑과 불안은 동시에 존재할 수 있다. 좋아하는 마음이 클수록 조심스러워지고, 조심스러울수록 불안은 따라온다. 이 두 감정이 함께 있다고 해서 관계가 틀어지고 있다는 신호는 아닐 수 있다. 오히려 그만큼 진지하게 관계를 바라보고 있다는 의미일 수도 있다.

불안을 없애기보다 다루는 방식

사랑이 불안으로 느껴질 때, 그 감정을 억지로 없애려 하면 마음은 더 긴장한다. "이렇게 불안해하면 안 되는데"라는 생각이 또 다른 부담이 되기 때문이다. 불안을 느끼는 나를 문제 삼기보다, 지금의 관계가 나에게 얼마나 중요한지를 보여주는 신호로 바라보는 태도가 도움이 될 수 있다. 불안을 완전히 없애는 것보다, 불안을 느끼는 순간 나를 어떻게 돌볼지 선택하는 것이 더 현실적이다. 그럴 수 있다는 여지를 남기는 것만으로도 마음은 조금 느슨해진다.

사랑이 불안으로 변하는 순간은 관계가 잘못되었다는 증거가 아닐 수 있다. 그만큼 마음이 깊이 관여하고 있다는 표현일 수도 있다. 불안을 느끼는 자신을 다그치기보다, 그런 마음이 생길 수 있음을 인정하는 태도는 사랑을 조금 더 부드럽게 만든다. 사랑과 불안 사이를 오가며 나만의 균형을 찾아가는 과정은 많은 사람들이 겪는 자연스러운 길이다. 그렇게 관계 속에서 흔들리며 배우는 마음의 리듬은, 사랑을 한층 더 현실적인 자리로 데려다준다.

$$\textbf{04}$$

관계 속에서
나를 잃는 느낌

관계가 깊어질수록 이상하게도 나 자신이 흐려지는 느낌이 들 때가 있다. 분명 누군가와 함께 있기 전에는 괜찮았는데, 어느 순간부터는 내가 뭘 좋아했는지, 어떤 생각을 했는지 잘 떠오르지 않는다. 상대에게 맞추다 보니 나의 말과 선택이 조금씩 줄어든 것 같고, 혼자 있는 시간이 오히려 어색해지기도 한다. 그래서 문득 이런 질문이 떠오른다. 나는 왜 관계 속에 들어오면 나를 잃는 것처럼 느껴질까 하고 말이다.

관계는 나의 초점을 바꾼다

혼자 있을 때 우리의 관심은 자연스럽게 나에게 향해 있다. 내 기분이 어떤지, 무엇을 하고 싶은지, 지금 쉬고 싶은지 같은 질문들이 기준이 된다. 하지만 관계가 시작되면 초점은 조금씩 바깥으로 이동한다. 상대의 기분, 반응, 상황을 먼저 고려하게 되고, 그 과정이 반복되면서 나의 기준은 뒤로 밀릴 수 있다. 이 변화는 잘못된 것이 아니라 관계에 적응하는 과정에서 자연스럽게 나타날 수 있다. 다만 초점이 오래 바깥에 머물면, 나 자신이 흐릿해졌다고 느껴질 수 있다.

맞추는 시간이 길어질 때 생기는 느낌

관계에서는 어느 정도의 조율이 필요하다. 말투를 부드럽게 바꾸거나, 상대가 불편해할 만한 행동을 피하는 것은 흔한 일이다. 하지만 이런 맞춤이 계속 누적되면, 어느 순간부터는 내가 무엇을 원하는지보다 상대가 어떻게 느낄지를 먼저 떠올리게 된다. 이때 나를 잃는 느낌은 갑자기 생기기보다 서서히 쌓인다. 스스로를 희생하고 있다는 자각 없이도, 마음 한편에서는 나의 자리가 줄어들고 있다는 감각이 생길 수 있다.

사랑과 배려의 경계가 흐려질 때

관계 속에서 나를 잃는 느낌은 종종 사랑과 배려가 섞인 지점에서 생긴다. 좋아하는 사람을 배려하고 싶은 마음은 자연스럽지만, 그 배려가 항상 나를 뒤로 미루는 방식으로만 이루어질 때 마음은 조금씩 지친다. "괜찮아"라고 말하면서 사실은 괜찮지 않은 상황을 반복하다 보면, 내 진짜 감정이 무엇이었는지 헷갈리게 된다. 이때의 혼란은 내가 약해서라기보다, 관계를 소중히 여겼기 때문에 생길 수 있다.

갈등을 피하려다 나를 숨길 때

관계에서 나를 잃는 느낌은 갈등을 피하려는 선택과도 연결되어 있다. 불편한 이야기를 꺼내면 관계가 어색해질까 봐, 나의 생각을 잠시 접어두는 경우가 있다. 처음에는 잠깐의 선택처럼 느껴지지만, 이런 상황이 반복되면 나의 의견은 점점 말로 나오지 않게 된다. 그러다 보면 관계는 유지되지만, 그 안에서 나는 점점 조용해진다. 이 침묵은 평화처럼 보이지만, 마음속에서는 나를 숨기고 있다는 신호일 수 있다.

나를 잃는 느낌은 관계의 경고일 수도 있다

관계 속에서 나를 잃는 느낌은 반드시 관계가 나쁘다는 뜻은 아니다. 오히려 지금의 관계 방식이 나에게 조금 버겁다는 신호일 수 있다. 마음이 보내는 이 신호는 관계를 끊으라는 메시지라기보다, 나의 자리를 다시 확인해 보라는 요청에 가깝다. 이 느낌을 무시한 채 계속 나를 밀어내면, 관계는 유지될지 몰라도 마음은 점점 메말라간다. 그래서 이 느낌을 알아차렸다는 사실 자체는 나를 돌볼 수 있는 중요한 계기가 될 수 있다.

관계 안에서 나를 다시 찾는 여지

관계 속에서 나를 완전히 시키는 것은 쉽지 않다. 하지만 아주 작은 여지부터 다시 만들 수는 있다. 나의 기분을 스스로에게 먼저 묻는 것, 사소한 선택 하나를 나의 기준으로 해보는 것만으로도 흐름은 달라질 수 있다. 관계를 깨지 않으면서도 나를 조금씩 드러내는 연습은 충분히 가능하다. 나를 잃지 않는다는 것은 상대를 덜 사랑한다는 뜻이 아니라, 관계 안에서 함께 숨 쉴 공간을 만든다는 의미일 수 있다.

관계 속에서 나를 잃는 느낌은 이상한 경험이 아니다. 그것은 누군가를 소중히 여기며 관계에 진심으로 들어갔다는 흔적일 수 있다. 다만 그 과정에서 나의 자리가 너무 작아졌다면, 잠시 멈춰 돌아볼 필요는 있다. 나를 지우지 않으면서 관계를 이어가는 길은 분명 존재한다. 그럴 수 있다고 인정하는 순간, 관계는 나를 잃는 공간이 아니라 나를 조금 더 이해하게 만드는 공간으로 바뀔 수 있다.

05

연결되고 싶지만
자유롭고 싶은 마음

누군가와 가까워지고 싶다는 마음이 커질수록, 동시에 혼자이고 싶다는 생각이 스친다. 함께 있는 시간이 좋으면서도, 약속이 잦아지면 숨이 막히는 느낌이 들 때가 있다. 연락이 오지 않으면 서운한데, 너무 자주 오면 부담스러워진다. 이 모순적인 마음 때문에 스스로를 이해하기 어려워지기도 한다. 하지만 이런 감정은 생각보다 많은 사람들이 관계 속에서 경험하는 흐름일지도 모른다.

연결은 안정감을 준다

사람과 연결되어 있다는 느낌은 마음을 안정시킨다. 누군가와 감정을 나누고, 나를 이해해 주는 사람이 있다는 사실은 큰 위로가 된다. 힘든 일이 있을 때 떠올릴 사람이 있고, 기쁜 순간을 함께 나눌 대상이 있다는 것은 삶을 단단하게 만든다. 그래서 우리는 자연스럽게 관계를 원하고, 연결을 통해 외로움을 덜 느끼게 된다. 이 연결에 대한 욕구는 약함이 아니라 인간다운 마음에 가깝다.

자유는 나를 지켜주는 공간이다

한편 자유는 나를 나답게 유지해 주는 중요한 요소다. 혼자만의 시간, 방해받지 않는 생각, 나의 속도로 움직일 수 있는 공간은 마음을 회복시킨다. 자유가 있을 때 우리는 스스로를 다시 정리하고, 감정을 가다듬는다. 그래서 관계가 깊어질수록 자유를 잃는 것 같다는 느낌이 들면 마음은 자연스럽게 저항한다. 이 저항은 관계를 거부해서가 아니라, 나를 지키고 싶다는 신호일 수 있다.

두 욕구는 함께 존재할 수 있다

연결되고 싶으면서도 자유롭고 싶은 마음은 서로 충돌하는 감정처럼 보이지만, 사실은 함께 존재할 수 있다. 관계를 원하면서도 나만의 시간을 필요로 하는 것은 모순이 아니다. 우리는 한 가지 감정만으로 살아가지 않기 때문이다. 가까워질수록 더 많은 나를 공유하고 싶어지면서도, 동시에 나를 온전히 느낄 수 있는 공간을 필요로 한다. 이 두 마음이 번갈아 나타나는 것은 자연스러운 흐름일 수 있다.

관계가 깊어질수록 갈등처럼 느껴질 때

문제는 이 두 욕구가 동시에 강해질 때 생긴다. 상대와 더 가까워지고 싶은데, 동시에 관계가 나의 일상을 잠식하는 것처럼 느껴질 때 마음은 혼란스러워진다. 약속을 잡으면서도 피곤함이 앞서고, 혼자 쉬고 싶다는 말이 괜히 미안해진다. 이때 우리는 스스로를 이기적이라고 평가하기 쉽다. 하지만 이 혼란은 관계를 소중히 여기고 있기 때문에 생기는 감정일 수 있다.

자유를 원한다고 덜 사랑하는 것은 아니다

자유를 원한다고 해서 상대를 덜 사랑하는 것은 아니다. 혼자 있고 싶은 시간은 관계에서 도망치고 싶다는 뜻이 아니라, 관계를 유지할 에너지를 회복하고 싶다는 의미일 수 있다. 오히려 자유가 전혀 없는 관계는 마음을 빠르게 지치게 만든다. 자유를 필요로 하는 나를 부정하기보다, 그 욕구가 어디에서 오는지를 살펴보는 것이 도움이 된다. 그럴 수 있다고 받아들이는 순간, 마음은 조금 가벼워진다.

연결과 자유 사이의 나만의 거리

모든 관계에는 각자에게 편안한 거리가 존재한다. 누군가는 자주 연결될 때 안정감을 느끼고, 누군가는 여유 있는 간격 속에서 더 오래 관계를 유지한다. 중요한 것은 어느 쪽이 옳으냐가 아니라, 나에게 맞는 리듬을 찾는 일이다. 연결과 자유 사이에서 흔들리는 마음은, 그 균형점을 찾고 있다는 과정일 수 있다. 이 과정을 통해 우리는 관계를 더 현실적인 자리로 옮겨놓게 된다.

연결되고 싶지만 자유롭고 싶은 마음은 관계를 어렵게 만드는 결함이 아니다. 그것은 관계 안에서 나를 지키고, 동시에 누군가와 함께하고 싶다는 두 가지 바람이 함께 존재한다는 증거일 수 있다. 이 마음을 하나로 정리하려 애쓰기보다, 그럴 수 있다고 인정하는 태도는 관계를 더 숨 쉴 수 있게 만든다. 그렇게 연결과 자유 사이에서 나만의 간격을 찾아가는 과정은 많은 사람들이 겪는 자연스러운 관계의 모습이다.

에리히 프롬 심리학

관계가 시작되면 마음은 이전보다 훨씬 복잡해진다. 혼자 있을 때는 비교적 안정적이던 생각들이, 누군가와 연결되는 순간 흔들리기 시작한다. 가까워질수록 더 조심스러워지고, 상대의 말과 반응에 마음이 민감하게 반응한다. 사랑하고 싶은 마음이 분명한데도 동시에 답답함이 생기고, 때로는 혼자 있고 싶다는 생각이 고개를 든다. 우리는 이런 마음을 두고 "내가 너무 예민한 걸까", "관계에 문제가 있는 건 아닐까"라고 스스로를 의심한다. 하지만 이 복잡한 감정을 전혀 다른 시선으로 바라본 사람이 있었다.

에리히 프롬은 인간을 관계를 통해 자신을 확인하는 존재로 보았다. 그는 사람이 혼자서는 완전히 안정될 수 없으며, 타인과의 연결 속에서 의미를 찾고자 하는 욕구를 지닌 존재라고 설명했다. 동시에 인간은 독립된 개체로서 자신의 경계를 지키고 싶어 하는 마음도 함께 가지고 있다. 그래서 관계 속에서 느끼는 갈등은 어느 한쪽의 문제가 아니라, 연결되고 싶은 욕구와 자유롭고 싶은 욕구가 동시에 작동하고 있다는 신호일 수 있다.

프롬의 시선에서 관계가 어려워지는 순간은 사랑이 부족해서 생기는 문제가 아니다. 오히려 사랑을 진지하게 받아들이고 있기 때문에 마음이 더 바빠지는 경우가 많다. 누군가에게 의미 있는 존재가 되고 싶다는 마음이 커질수록, 상처받을 가능성도 함께 커진다. 그래서 가까워질수록 말에 더 신경 쓰게 되고, 괜히 예민해지며, 관계 속에서 나를 잃는 것 같은 느낌이 들기도 한다. 이는 관계에 실패하고 있다는 신호라기보다, 관계의 무게를 제대로 느끼고 있다는 증거일 수 있다.

우리는 종종 관계에서 편안함과 안정만을 기대한다. 사랑한다면 불안하지 않아야 하고, 가까우면 자연스러워야 한다고 생각한다. 하지만 프롬은 이런 기대가 오히려 관계를 더 어렵게 만든다고 보았다. 관계는 완전히 편안해지는 상태가 아니라, 서로 다른 두 사람이 계속해서 균형을 조정해 가는 과정에 가깝다. 그래서 관계가 깊어질수록 마음이 복잡해지는 것은 비정상이 아니라, 매우 자연스러운 흐름일 수 있다.

프롬은 사랑을 감정이 아니라 능력에 가깝다고 설명했다. 그는 사랑이란 상대를 소유하거나 의존하는 상태가 아니라, 자기 자신을 유지한 채로 타인과 연결되는 힘이라고 보았다. 이 관점에서 보면, 관계 속에서 느끼는 불안과 갈등은 아직 그 균형을 배우는 과정일 수 있다. 누군가와 가까워지고 싶으면서도 나를 잃고 싶지 않은 마음은, 사랑을 가볍게 대하지 않고 있다는 신호일지도 모른다.

이 시선에서 보면, 관계 때문에 마음이 복잡해졌다는 사실 자체를 부정할 필요는 없다. 오히려 "내가 이 관계를 중요하게 여기고 있구나"라는 신호로 받아들일 수 있다. 프롬은 사랑이란 감정에 휩쓸리는 상태가 아니라, 끊임없이 배우고 조정해야 하는 삶의 태도에 가깝다고 보았다. 그래서 관계 속에서 흔들리는 마음은 실패가 아니라, 관계를 이어가기 위한 과정일 수 있다.

에리히 프롬의 심리학은 우리에게 관계를 단순하게 만들라고 요구하지 않는다. 대신 관계가 본래 복잡한 영역이라는 사실을 인정하자고 말한다. 사랑하고 싶으면서도 자유롭고 싶은 마음, 가까워지고 싶으면서도 나를 지키고 싶은 욕구는 서로 모순되지 않는다. 그 두 마음이 동시에 존재하는 것이 인간다운 모습일 수 있다.

관계 속에서 마음이 복잡해지는 날이 있다면, 그 감정을 곧바로 문제로 규정하지 않아도 괜찮다. 프롬의 시선은 우리에게 묻는다. "이 관계에서 나는 무엇을 지키고 싶었는가", "무엇을 나누고 싶었는가". 이 질문을 통해 우리는 관계 속에서 스스로를 잃지 않으면서도, 타인과 연결되는 방법을 조금씩 배워갈 수 있다.

에리히 프롬의 심리학은 관계의 불안을 없애주지 않는다. 대신 그 불안을 인간적인 감정으로 되돌려 놓는다. 관계 때문에 마음이 복잡해졌다면, 그것은 내가 잘못된 사람이어서가 아니라, 누군가와 진지하게 연결되어 있다는 증거일 수 있다. 그 정도의 이해만으로도, 관계 속에서 스스로를 덜 몰아붙일 수 있다.

> 에리히 프롬은 관계 속에서 흔들리는 마음을 인간적인 반응으로 보았다. 그는 사랑과 소속을 원하면서도 자유를 잃고 싶지 않은 마음의 갈등이, 관계를 살아가는 사람에게 자연스럽게 나타날 수 있다고 말했다.

5장

나는 지금
어디쯤에 서 있을까

01

만족해도
허전한 이유

어느 정도 원하는 것을 이루었는데도 마음이 가볍지 않은 순간이 있다. 바쁘게 달려온 시간을 돌아보면 분명 예전보다 나아졌고, 남들이 보기에는 부족해 보이지도 않는다. 그런데도 이상하게 마음 한편이 비어 있는 느낌이 남는다. 더 애써야 할 것 같지도 않은데, 그렇다고 지금 상태에 완전히 머물 수 있을 것 같지도 않다. 만족과 허전함이 동시에 존재하는 이 감정은 생각보다 많은 사람들이 겪는 상태일지도 모른다.

기대가 사라진 자리에 생기는 공백

우리는 어떤 목표를 향해 나아갈 때 오히려 마음이 또렷해진다. 다음 단계가 보이고, 해야 할 일이 분명할수록 생각은 단순해진다. 그런데 목표에 어느 정도 도달하고 나면 그동안 나를 움직이던 기대가 사라진다. 이때 마음은 잠시 방향을 잃는다. 만족은 있지만, 다음으로 향할 기준이 흐려지면서 허전함이 스며든다. 이 허전함은 지금의 성취가 부족해서라기보다, 목표 중심으로 살아오던 리듬이 멈추며 생긴 자연스러운 공백일 수 있다.

성취는 채워도 의미는 남는다

우리는 종종 성취와 만족을 같은 것으로 생각한다. 원하는 것을 이루면 마음도 함께 채워질 거라 기대한다. 하지만 성취는 외적인 조건을 채우는 데 가깝고, 의미는 그 안에서 내가 무엇을 느끼고 있는지와 연결된다. 그래서 성취가 쌓여도 의미에 대한 질문이 남아 있으면 허전함은 쉽게 사라지지 않는다. "이 정도면 괜찮다"는 생각과 "그래서 나는 지금 어떤 상태일까"라는 질문은 동시에 존재할 수 있다. 이 간극에서 허전함은 자연스럽게 고개를 든다.

비교가 사라질 때 느껴지는 공허함

흥미롭게도 허전함은 비교가 줄어들 때 나타나기도 한다. 이전에는 남들과 나를 비교하며 달려왔다면, 어느 순간 그 비교에서 한 발 물러나게 된다. 더 이상 남의 속도에 크게 흔들리지 않게 되었지만, 동시에 나를 밀어붙이던 긴장감도 함께 줄어든다. 이때 마음은 잠시 멍해진다. 비교가 줄어든 것은 분명 좋은 변화일 수 있지만, 그 비교가 나의 방향을 대신 정해주고 있었던 시기에는 그 빈자리가 허전함으로 느껴질 수 있다.

익숙해진 안정이 주는 낯섦

사람은 불안한 상태에는 빨리 적응하지만, 안정된 상태에는 오히려 낯설어한다. 계속해서 긴장하며 살아온 사람일수록 안정은 편안함보다 어색함으로 다가온다. 더 이상 크게 불안하지 않은데도 마음이 가라앉지 않는 이유는, 안정이 아직 몸과 마음에 충분히 익숙해지지 않았기 때문이다. 이 허전함은 다시 흔들리고 싶어서라기보다, 새로운 상태에 적응하는 과정에서 나타나는 자연스러운 반응일 수 있다.

나를 설명하던 문장이 흐려질 때

우리는 각자의 삶을 설명하는 문장을 가지고 살아간다. "지금은 열심히 버티는 중이다", "이 시기만 넘기면 된다"같은 말들은 방향을 만들어준다. 그런데 어느 순간 이런 문장들이 더 이상 잘 맞지 않게 될 때가 있다. 이전의 설명은 끝났는데, 새로운 설명은 아직 만들어지지 않은 상태. 이 사이에서 허전함은 생긴다. 나는 여전히 나인데, 나를 설명하던 말이 사라진 느낌이 들기 때문이다. 이 공백은 혼란이 아니라 전환의 시작일 수도 있다.

허전함은 멈추라는 신호일지도 모른다

허전함을 느끼면 우리는 자꾸 무언가를 더 채우려 한다. 새로운 목표를 만들거나, 다시 바빠지려 애쓴다. 하지만 허전함은 반드시 채워야 할 결핍이 아닐 수도 있다. 오히려 잠시 멈추고 지금의 나를 바라보라는 신호일 수 있다. 더 나아가기 전에 지금의 자리에 잠시 서보라는 요청처럼 다가오기도 한다. 이 감정을 없애려 애쓰기보다, 왜 이 시점에서 이런 감정이 나타났는지를 살펴보는 태도가 도움이 될 수 있다.

만족해도 허전한 이유는 내가 부족해서가 아니라, 삶의 리듬이 바뀌는 지점에 서 있기 때문일 수 있다. 지금까지 달려온 방향이 틀렸다는 뜻도 아니고, 더 큰 성취가 필요하다는 신호도 아닐 수 있다. 그저 이전의 방식이 끝나고, 새로운 기준을 찾는 중일지도 모른다. 이 허전함을 문제로 규정하지 않고 차분히 바라볼 수 있다면, 우리는 지금 어디쯤에 서 있는지를 조금 더 솔직하게 느낄 수 있다. 그렇게 서 있는 자리에서 다음 발걸음은 서두르지 않아도 괜찮다.

더 가져도
채워지지 않는 느낌

어느 순간부터 더 가지는 일이 마음을 채워주지 않는다는 느낌이 든다. 분명 예전보다 나아졌고, 부족하다고 말하기도 애매한 상태인데 이상하게 만족은 오래 머물지 않는다. 무언가를 더 얻으면 괜찮아질 것 같아서 계속 채워보지만, 그 만족은 오래가지 않는다. 무엇이 정확히 비어 있는지는 모르겠는데, 허전함은 남아 있다. 그래서 문득 이런 질문 앞에 서게 된다. 나는 왜 이렇게 더 가져도 채워지지 않는 걸까 하고 말이다.

가지는 속도보다 마음이 느릴 때

삶의 조건이 바뀌는 속도와 마음이 따라오는 속도는 항상 같지 않다. 환경이 좋아지고 선택지가 늘어나도, 마음은 한동안 이전 기준에 머문다. 이미 달라진 상태를 인식하기도 전에 우리는 또 다음을 향해 움직인다. 그래서 실제로는 충분해졌는데도 체감은 늘 부족한 쪽에 머무른다. 더 많이 가졌다는 사실이 마음에 닿기도 전에, 기준은 이미 한 발 앞서 있다. 이때 채워지지 않는 느낌은 욕심 때문이 아니라, 마음이 아직 그 변화를 자기 것으로 받아들이지 못했기 때문에 나타날 수 있다.

충분함의 기준이 계속 앞으로 이동할 때

무엇이 충분한지를 판단하는 기준은 고정되어 있지 않다. 하나를 이루면 그 지점은 곧 기본값이 되고, 마음은 다시 다음 선을 긋는다. 어제의 목표는 오늘의 전제가 되고, 만족은 잠깐 머물다 사라진다. 이 과정이 반복되면 우리는 늘 더 많이 가지고 있음에도 항상 아직인 것처럼 느끼게 된다. 채워지지 않는 감각은 결핍의 증거라기보다, 기준이 계속 이동하고 있다는 신호일 수 있다. 기준이 멈추지 않는 한, 채움 역시 오래 머물기 어렵다.

안심을 얻기 위해 채우기 시작할 때

처음에는 삶을 조금 더 편하게 만들고 싶어서 무언가를 더 갖고 싶었을지 모른다. 하지만 어느 순간부터는 불안하지 않기 위해 채우고 있는 자신을 발견하게 된다. 이 정도면 괜찮을 거라는 안심을 얻기 위해 더 쌓고, 더 확보한다. 이때 채움은 기쁨이 아니라 대비가 된다. 문제는 대비를 목적으로 한 채움이 마음을 오래 안정시키지 못한다는 점이다. 잠깐의 안심 뒤에 다시 불안이 몰려오고, 마음은 또 다른 채움을 요구한다. 이 반복 속에서 허전함은 점점 더 분명해진다.

익숙해진 상태에서는 감정이 줄어든다

사람의 마음은 변화에 빠르게 적응한다. 처음에는 크게 느껴졌던 변화도 시간이 지나면 배경이 된다. 좋아진 환경, 늘어난 여유, 넓어진 선택권은 어느새 당연한 풍경이 된다. 감정은 점점 줄어들고, 만족의 감각도 옅어진다. 이때 우리는 채워지지 않았다고 느끼지만, 사실은 익숙함이 감정을 덮고 있는 경우도 많다. 더 가져도 아무 느낌이 없는 이유는 실제로 비어 있어서가 아니라, 감각이 이미 새로운 상태에 적응해버렸기 때문일 수 있다.

채우려는 대상이 다른 곳에 있을 때

더 가져도 허전함이 남는 순간에는, 실제로 채우고 싶은 것이 무엇인지 다시 살펴볼 필요가 있다. 인정받고 싶다는 마음, 지금의 내가 괜찮다는 확신, 안전하다는 느낌은 눈에 보이는 성취만으로는 완전히 채워지지 않는다. 그래서 조건과 결과를 늘려도 마음은 여전히 다른 신호를 보낸다. 이 허전함은 욕심이 많아서 생긴 것이 아니라, 채워야 할 대상이 다른 곳에 있다는 표시일 수 있다. 채움의 방향이 어긋났을 때, 마음은 계속 비어 있다고 느낀다.

쌓는 데 익숙해진 마음의 리듬

우리는 오랫동안 더하는 방식으로 살아왔다. 성과를 쌓고, 경험을 늘리고, 조건을 개선하는 데에는 익숙하다. 반면 이미 가진 것을 느끼고 머무는 시간은 상대적으로 적었다. 충분히 느끼기도 전에 또 다음을 향해 움직이니, 채워짐은 늘 짧게 끝난다. 더 가져도 채워지지 않는 이유는, 아직 멈춰서 현재를 받아들이는 시간이 삶에 포함되지 않았기 때문일지도 모른다. 마음은 여전히 앞으로만 가는 리듬을 유지하고 있다.

더 가져도 채워지지 않는 느낌은 실패의 흔적이 아니다. 오히려 지금까지 잘 달려왔다는 증거일 수 있다. 이전처럼 단순히 더하기만으로는 마음이 움직이지 않는 지점에 도달했다는 뜻일지도 모른다. 지금 나는 어디쯤에 서 있는지, 무엇으로 나를 채워왔는지를 차분히 돌아보는 시간은 삶을 멈추게 하지 않는다. 그 시간은 채움의 방향을 조금 바꾸고, 더 이상 끝없이 가지지 않아도 되는 기준을 만들어 준다. 그렇게 마음이 현재에 조금 더 머물 수 있을 때, 채워지지 않던 느낌은 서서히 다른 의미로 바뀌기 시작한다.

03

안정과 성장
사이에서 흔들릴 때

지금의 삶이 크게 불안한 것은 아니다. 하루는 어느 정도 예측 가능하고, 감당하지 못할 문제도 많지 않다. 그런데도 마음 한편에서는 설명하기 어려운 흔들림이 계속된다. 이대로 지내도 괜찮을 것 같다가도, 이 자리에 오래 머물러도 되는지 스스로에게 묻게 된다. 안정과 성장 사이에 서 있는 이 느낌은 분명한 불만도, 욕망도 아닌 채로 마음을 천천히 흔든다.

안정은 도착이 아니라 숨을 고르는 지점이다

안정은 흔히 목표처럼 이야기되지만, 실제로는 잠시 숨을 고르는 지점에 가깝다. 일정한 수입, 익숙한 환경, 예측 가능한 인간관계는 마음의 긴장을 낮춰준다. 불안이 줄어들면 생각은 조용해지고, 삶은 한결 편안해진다. 이 상태는 분명 소중하다. 하지만 안정은 영구적인 도착지가 아니라, 다음 움직임을 준비하는 구간일 수도 있다. 그래서 안정 속에 오래 머물다 보면 마음은 자연스럽게 다른 질문을 떠올린다. 지금의 이 편안함이 나를 쉬게 하는지, 아니면 멈추게 하는지에 대한 질문이다.

성장은 불만이 아니라 남아 있는 가능성의 신호다

성장하고 싶다는 마음은 지금이 부족하다는 뜻으로 오해되기 쉽다. 하지만 많은 경우 그 반대다. 어느 정도 기반이 갖춰졌을 때, 비로소 사람은 다른 가능성을 떠올릴 여유를 갖는다. 지금보다 더 잘하고 싶어서라기보다, 아직 사용하지 않은 나의 일부가 남아 있다는 감각이 성장을 부른다. 이때의 성장 욕구는 불평이 아니라 호기심에 가깝다. 지금의 삶을 부정하지 않으면서도, 이 안에만 머물고 싶지는 않다는 마음이 동시에 존재할 수 있다.

안정을 택하면 뒤처질 것 같은 불안

안정을 선택하려는 순간, 마음은 비교를 시작한다. 주변 사람들의 변화, 도전, 이동이 눈에 들어오면서 나만 멈춘 것처럼 느껴진다. 아무 일도 일어나지 않는 시간이 곧 뒤처짐처럼 느껴질 때도 있다. 하지만 안정의 시간은 겉으로 보이지 않는 방향으로 작동하는 경우가 많다. 감정이 정리되고, 기준이 정돈되고, 이전에는 보이지 않던 나의 한계와 취향이 드러난다. 이 과정은 빠른 변화보다 느리지만, 이후의 선택을 훨씬 단단하게 만든다. 안정이 불안을 부르는 이유는 멈췄기 때문이 아니라, 변화가 눈에 띄지 않기 때문이다.

성장을 떠올리면 잃을 것이 먼저 보인다

반대로 *성장*을 선택하려고 할 때, 마음은 즉시 계산을 시작한다. 지금의 안정이 깨진 가능성, 실패했을 때의 부담, 다시 불안한 상태로 돌아갈 위험이 먼저 떠오른다. 이 망설임은 용기가 없어서가 아니다. 이미 지켜온 삶이 있고, 잃고 싶지 않은 일상이 있기 때문에 생기는 자연스러운 반응이다. 아무것도 없는 상태라면 도전은 가벼울 수 있지만, 쌓아온 것이 많을수록 선택은 무거워진다. 그래서 흔들림은 미성숙의 증거가 아니라, 삶의 무게를 인식하고 있다는 표시일 수 있다.

흔들림은 우유부단함이 아니라 조율의 과정이다

안정과 성장 사이에서 오래 머무는 자신을 보며 답답함을 느낄 수 있다. 왜 이렇게 결정을 못 하는지, 왜 명확한 방향이 없는지 스스로를 평가하게 된다. 하지만 이 흔들림은 방향을 잃은 상태라기보다, 여러 기준을 동시에 고려하고 있는 상태에 가깝다. 나의 에너지, 감정, 관계, 생활 리듬을 함께 살피며 조율하는 시간이다. 빠른 결정은 분명 시원할 수 있지만, 조율 없이 내린 선택은 오래 유지되기 어렵다. 흔들린다는 것은 아직 선택을 미루고 있다는 뜻이 아니라, 삶을 함부로 다루지 않고 있다는 의미일 수 있다.

안정과 성장을 나누지 않아도 되는 시점

우리는 종종 안정과 성장을 양자택일처럼 생각한다. 하나를 택하면 다른 하나를 포기해야 할 것처럼 느낀다. 하지만 실제 삶에서는 두 가지가 섞여 있는 경우가 많다. 안정된 틀 안에서 작은 변화를 시도할 수도 있고, 성장을 향해 가면서도 나를 지킬 수 있다. 흔들림은 반드시 결단을 요구하는 신호가 아니라, 속도를 조절하라는 메시지일 수 있다. 지금은 크게 움직이지 않아도 되는 시기일 수도 있고, 아주 작은 방향 수정만으로도 충분한 때일 수도 있다.

안정과 성장 사이에서 흔들릴 때 우리는 자주 자신을 의심한다. 제대로 살고 있는지, 선택을 미루고 있는 것은 아닌지 걱정한다. 하지만 이 흔들림은 삶이 막혔다는 증거가 아니다. 오히려 지금까지의 선택을 소중히 여기고, 다음 걸음을 신중하게 고르고 있다는 표현일 수 있다. 나는 지금 어디쯤에 서 있는지, 무엇을 지키고 싶고 무엇을 넓히고 싶은지를 차분히 바라보는 시간은 결정을 늦추지 않는다. 그 시간은 다음 선택이 나를 덜 소모시키고, 더 오래 지속되게 만드는 기반이 된다.

04

남의 속도에
맞추느라 지친 마음

유난히 바쁘게 산 것도 아닌데 하루가 끝나면 마음이 먼저 지쳐 있다. 할 일은 대체로 끝났는데, 크게 어긋난 것도 없는데 이상하게 숨이 막힌다. 쉬어도 회복이 빠르지 않고, 다음 날을 떠올리면 또다시 속도를 맞춰야 할 것 같아 부담이 앞선다. 가만히 돌아보면 이 피로는 일의 양 때문이 아니라, 나의 속도가 아닌 누군가의 속도에 맞춰 움직였던 하루에서 비롯된 경우가 많다. 남의 속도에 맞추느라 지친 마음은 이렇게 조용히, 그러나 깊게 쌓인다.

속도는 어느새 분위기가 된다

속도는 선택이라기보다 분위기로 스며든다. 조직의 리듬, 주변 사람들의 움직임, 각자의 일정이 자연스럽게 기준이 된다. 누군가 늘 바쁘게 움직이고 있으면, 그 속도가 마치 정상처럼 느껴진다. 굳이 경쟁하지 않아도 마음은 긴장하고, 이 속도에 맞추지 않으면 안 될 것 같은 부담이 생긴다. 이때 우리는 이미 나의 리듬을 점검하기보다, 흐름에 몸을 싣고 있다. 지침은 무능해서가 아니라, 이미 속도가 높아진 상태를 오래 유지했기 때문에 찾아온다.

남의 속도는 선명하고 나의 속도는 늦게 보인다

남의 속도는 유난히 또렷하다. 누가 얼마나 빨리 성과를 내는지, 얼마나 많은 일을 동시에 해내는지가 쉽게 보인다. 반면 나의 속도는 잘 느껴지지 않는다. 내가 언제부터 무리하고 있는지, 어디서부터 에너지가 떨어지는지는 뒤늦게 알아차린다. 그래서 우리는 보이는 속도에 자신을 맞추고, 보이지 않는 나의 리듬은 점점 무시한다. 이 간극이 커질수록 피로는 이유 없이 쌓이고, 마음은 점점 둔해진다.

속도를 맞추는 동안 감정은 뒤로 밀린다

남의 속도에 맞춘다는 것은 단순히 빠르게 움직이는 일이 아니다. 그 과정에는 감정을 미루는 선택이 함께 따라온다. 피곤해도 지금은 참아야 하고, 불편해도 괜찮은 척해야 한다. 마음에 걸리는 것이 있어도 이 속도에서는 돌아볼 여유가 없다며 넘긴다. 이런 미루기가 반복되면, 마음은 점점 자신의 신호를 신뢰하지 않게 된다. 지침은 어느 날 갑자기 찾아오는 것이 아니라, 이렇게 밀려난 감정들이 한꺼번에 돌아올 때 나타난다.

속도를 늦추는 선택이 더 불안할 때

아이러니하게도 속도를 늦추고 싶을수록 불안은 더 커진다. 멈추면 뒤처질 것 같고, 쉬면 나만 게을러지는 것처럼 느껴진다. 특히 책임이 많아질수록, 기대를 받는 위치에 있을수록 이 불안은 더 강해진다. 지금의 속도가 곧 나의 가치처럼 느껴지기 때문이다. 하지만 이불안은 실제 위험보다 훨씬 과장된 경우가 많다. 속도를 늦춘다고 해서 모든 흐름에서 밀려나는 것은 아니며, 오히려 무너지지 않기 위해 필요한 조정일 수도 있다.

지친 마음은 속도가 아니라 방향을 묻는다

남의 속도에 맞추느라 지친 마음은 단순히 쉬고 싶다는 신호가 아니다. 이 마음은 지금 가고 있는 방향이 나에게 맞는지 묻고 있다. 계속 이 속도로 가야 하는지, 아니면 다른 리듬이 필요한지를 점검하라는 요청이다. 지침을 무시하고 더 밀어붙이면 잠시 버틸 수는 있다. 하지만 그럴수록 삶은 선택이 아니라 의무처럼 느껴지고, 내가 왜 이 길을 가고 있는지에 대한 감각은 흐려진다. 지침은 약함의 증거가 아니라, 조정이 필요하다는 표시일 수 있다.

나의 속도를 되찾는 작은 감각들

나의 속도를 회복하는 일은 큰 결단에서 시작되지 않는다. 오늘의 에너지가 어떤지, 이 일정이 나에게 과한지 스스로에게 묻는 작은 감각에서 시작된다. 남들과의 비교 대신 어제의 나와 오늘의 나를 나란히 놓아보는 것만으로도 속도는 달라진다. 중요한 것은 빨라야 한다거나 느려야 한다는 판단이 아니라, 이 속도가 지금의 나에게 맞는지 살펴보는 일이다. 이 질문이 반복될수록 마음은 다시 자신의 리듬을 기억하기 시작한다.

남의 속도에 맞추느라 지친 마음은 실패의 증거가 아니다. 오히려 그동안 꽤 오래, 성실하게 애써왔다는 흔적일 수 있다. 계속 달려온 흐름 속에서 잠시 숨을 고르라는 신호일지도 모른다. 나는 지금 어디쯤에 서 있는지, 이 속도가 정말 나의 것인지 차분히 돌아보는 시간은 삶을 늦추지 않는다. 그 시간은 나를 덜 소모시키고, 더 오래 움직일 수 있게 만드는 기준을 다시 세워준다.

나에게 진짜
필요한 것은 무엇일까

어느 순간부터 무엇을 더 원해야 할지 잘 모르겠다는 느낌이 든다. 예전에는 분명하고 선명했던 목표들이 지금은 조금 흐릿하다. 더 애써야 할 것 같기도 하고, 이제는 다른 게 필요할 것 같기도 한데 정확히 무엇인지는 떠오르지 않는다. 그래서 마음은 자주 멈춘다. 나에게 진짜 필요한 것은 무엇일까라는 질문 앞에서 쉽게 답을 내리지 못한 채 머문다.

원하는 것과 필요한 것은 다른 방향을 본다

우리는 오랫동안 원하는 것을 중심으로 살아왔다. 더 잘되고 싶고, 더 안정되고 싶고, 더 인정받고 싶다는 마음은 삶을 움직이는 힘이 된다. 하지만 어느 지점에 이르면 원하는 것을 하나씩 이루었음에도 마음이 크게 달라지지 않는 순간을 맞이한다. 이때 필요한 것은 더 많은 욕망이 아니라, 지금의 나에게 어떤 방향이 맞는지를 살펴보는 일일 수 있다. 원하는 것은 대개 바깥을 향하지만, 필요한 것은 안쪽에서 조용히 신호를 보낸다. 이 차이를 느끼기 시작할 때, 질문은 자연스럽게 깊어진다.

필요는 부족해서 생기지 않을 수도 있다

무언가가 필요하다고 느낄 때 우리는 흔히 결핍을 떠올린다. 아직 갖지 못했기 때문에, 모자라기 때문에 필요하다고 생각한다. 하지만 어떤 필요는 부족이 아니라 변화에서 생긴다. 삶의 환경이 달라지고, 역할이 바뀌고, 감당하는 무게가 달라질 때 이전에 잘 맞던 방식은 더 이상 충분하지 않게 된다. 이때의 필요는 채워야 할 구멍이 아니라, 새롭게 조정해야 할 기준에 가깝다. 나에게 진짜 필요한 것이 무엇인지 묻게 되는 시점은, 삶이 다음 단계로 넘어가고 있다는 신호일 수도 있다.

바쁠수록 필요한 것은 선명해지지 않는다

아이러니하게도 가장 바쁠 때는 내가 무엇을 필요로 하는지 잘 느껴지지 않는다. 해야 할 일과 책임이 앞서면, 마음의 신호는 뒤로 밀린다. 피곤함은 느껴지지만, 무엇이 나를 회복시키는지는 떠오르지 않는다. 이때 우리는 필요를 생각할 여유 자체를 잃는다. 그래서 필요한 것이 무엇인지 알기 위해서는 더 채우기보다 잠시 속도를 낮추는 시간이 필요할 수 있다. 멈춤은 게으름이 아니라, 방향을 다시 읽기 위한 준비일지도 모른다.

타인의 기준에서 벗어날 때 보이는 것들

그동안 우리는 많은 선택을 타인의 기준에 맞춰왔다. 사회가 말하는 안정, 주변이 기대하는 모습, 주변 사람들의 속도는 나의 판단에 자연스럽게 스며든다. 하지만 어느 순간 이런 기준들이 나를 충분히 설명해주지 못한다고 느껴질 때가 온다. 그때 비로소 질문은 바깥에서 안쪽으로 이동한다. 남들이 좋다고 말하는 것이 아니라, 내가 덜 소모되는 방향은 무엇인지 묻게 된다. 나에게 진짜 필요한 것은 비교가 줄어들 때, 조금씩 윤곽을 드러낸다.

필요는 크지 않고 구체적일 수 있다

우리는 종종 필요한 것을 거창하게 상상한다. 인생의 큰 전환, 완전히 다른 삶, 대단한 깨달음 같은 것을 떠올린다. 하지만 실제로 마음이 원하는 필요는 의외로 작고 구체적인 경우가 많다. 하루에 혼자 조용히 있는 시간, 평가받지 않는 대화, 무언가를 잘해야 한다는 압박 없이 쉬는 순간 같은 것들이다. 이런 필요는 눈에 띄지 않아서 쉽게 지나치지만, 삶의 질에는 깊게 영향을 미친다. 나에게 진짜 필요한 것은 새로운 성취보다, 지금의 나를 덜 닳게 만드는 요소일지도 모른다.

필요를 인정하는 데에는 용기가 필요하다

자신의 필요를 인정하는 일은 생각보다 쉽지 않다. 더 쉬고 싶다는 마음, 덜 애쓰고 싶다는 감정, 잠시 멈추고 싶다는 바람은 나약함처럼 느껴질 때가 있다. 그래서 우리는 그 필요를 합리적인 이유 뒤에 숨긴다. 하지만 필요를 무시한 채 계속 움직이면, 삶은 점점 버티는 형태로 바뀐다. 나에게 무엇이 필요한지를 솔직하게 인정하는 일은 포기가 아니라, 삶을 지속 가능하게 만드는 선택일 수 있다. 이 인정이 있을 때, 선택은 더 나에게 맞게 조정된다.

나에게 진짜 필요한 것이 무엇인지 묻게 되는 시점은 삶이 멈췄다는 뜻이 아니다. 오히려 이전의 방식으로는 충분하지 않다는 사실을 알아차렸다는 의미일 수 있다. 더 많이 가지거나 더 빠르게 가는 대신, 무엇이 나를 지탱해주는지를 살펴보는 단계에 들어선 것이다. 나는 지금 어디쯤에 서 있는지, 무엇을 더해야 하는지가 아니라 무엇이 있어야 덜 흔들리는지를 돌아보는 시간은 삶의 방향을 부드럽게 바꾼다. 이 질문을 서둘러 답하려 하지 않아도 괜찮다. 질문을 품고 살아가는 그 자체가 이미, 나에게 필요한 방향으로 한 걸음 옮겨가고 있다는 신호이기 때문이다.

아브라함 매슬로 심리학

어느 정도 안정된 삶을 살고 있는데도 마음 한편이 허전하게 느껴질 때가 있다. 크게 부족한 것은 없어 보이는데, 이상하게도 만족스럽지 않고 더 나아가야 할 것 같은 압박이 따라온다. 지금 이대로도 괜찮아야 할 것 같다는 생각과, 아직 뭔가 채워지지 않았다는 느낌이 동시에 존재한다. 우리는 이런 마음을 욕심이나 불만족으로 해석하며 스스로를 다그치곤 한다. 하지만 이 상태를 전혀 다른 시선으로 바라본 사람이 있었다.

아브라함 매슬로는 인간의 욕구가 단순히 채워지고 끝나는 구조가 아니라고 보았다. 그는 욕구가 단계적으로 이동하며, 한 단계가 어느 정도 충족되면 마음은 자연스럽게 다음 질문으로 향한다고 설명했다. 그래서 생존이나 안정이 어느 정도 확보된 뒤에도 허전함이 느껴지는 것은 이상한 일이 아니다. 오히려 지금의 삶을 부정해서가 아니라, 다음 방향을 고민할 여유가 생겼다는 신호일 수 있다.

매슬로의 관점에서 보면, 만족과 허전함은 서로 모순되지 않는다. 충분히 안정된 삶을 살면서도 동시에 성장에 대한 갈증을 느낄 수 있다. 문제는 이 허전함을 곧바로 부족함이나 실패로 해석할 때 생긴다. "왜 이 정도로도 만족하지 못하지"라는 질문은 마음을 더 지치게 만든다. 하지만 매슬로는 이 감정을 삶이 멈추지 않았다는 증거로 보았다. 더 이상 버티는 데만 에너지를 쓰지 않아도 되는 시점에, 마음은 자연스럽게 "그다음은 무엇인가"를 묻게 된다.

이 지점에서 중요한 것은 남의 속도와 나를 비교하지 않는 일이다. 누군가는 여전히 안정이 가장 중요한 단계에 있고, 누군가는 의미나 성장을 고민하는 단계에 있을 수 있다. 같은 나이라도, 같은 환경에 있어도 마음이 서 있는 자리는 다를 수 있다. 지금 느끼는 허전함은 뒤처졌다는 증거가 아니라, 나에게 필요한 질문이 달라졌다는 신호일 수 있다. 이 차이를 인정하지 않으면 우리는 계속 스스로를 몰아붙이게 된다.

여기서 매슬로가 특히 강조한 것은, 성장의 단계에는 정답 속도가 없다는 점이다. 그는 인간이 항상 더 위를 향해 달려가야 한다고 말하지 않았다. 오히려 어떤 시기에는 안정에 머무는 것이 필요하고, 또 다른 시기에는 의미를 찾는 질문이 자연스럽게 떠오를 수 있다고 보았다. 문제는 사회가 요구하는 속도에 나의 욕구 단계를 억지로 맞추려 할 때 생긴다. 아직 안정이 필요한 시기인데도 성장하지 못했다고 자책하거나, 성장을 고민하는 단계에 있으면서도 "이 정도면 만족해야지"라고 스스로를 눌러버릴 때 마음은 더 혼란스러워진다.

매슬로는 자기실현을 특별한 성취나 대단한 목표로만 정의하지 않았다. 그는 자기실현을, 자신의 욕구와 감정을 왜곡하지 않고 살아가는 방향에 더 가깝게 보았다. 그래서 의미를 찾고 싶어 하는 마음은 성공 욕심이 아니라, 지금의 삶을 나답게 살고 싶은 욕구일 수 있다. 이 단계에서 느껴지는 허전함은 결핍이 아니라, 삶의 기준이 바깥에서 안쪽으로 옮겨가고 있다는 신호일지도 모른다.

아브라함 매슬로의 심리학은 우리에게 더 빨리 성장하라고 재촉하지 않는다. 대신 지금의 위치를 정확히 바라보라고 말한다. 만족해도 허전할 수 있고, 충분해 보여도 더 나아가고 싶을 수 있다. 그 마음을 억지로 없애려 하기보다, 왜 이런 질문이 생겼는지를 살펴보는 태도가 필요하다고 말한다. 허전함은 게으름이나 불만의 표시가 아니라, 삶의 방향이 조금 이동하고 있다는 신호일 수 있다.

매슬로의 시선에서 중요한 것은 "얼마나 많은 것을 가졌는가"가 아니다. 지금의 나에게 어떤 욕구가 가장 크게 작동하고 있는지를 알아차리는 일이다. 안정이 필요한 시기에는 안정이 중요하고, 성장이 필요한 시기에는 그 질문이 자연스럽다. 어느 단계에 있든 잘못된 자리는 아니다.

지금의 삶이 충분한데도 마음이 채워지지 않는다면, 그 감정을 곧바로 문제로 규정하지 않아도 괜찮다. 매슬로의 심리학은 그 허전함을 삶의 결함이 아니라, 다음 걸음을 준비하는 신호로 되돌려 놓는다. 그 정도의 이해만으로도 우리는 스스로에게 조금 덜 조급해질 수 있다.

> 아브라함 매슬로는 끊임없이 더 원하는 마음을 부족함으로만 보지 않았다. 그는 지금의 상태를 점검하고 다음 단계를 고민하는 과정 자체가 삶의 흐름 안에 있다고 보았다.

고치지 않아도
괜찮은 나의 모습들

01

괜히 이해받고
싶어지는 순간

가끔은 이유 없이 마음이 허전해질 때가 있다. 누가 뭐라고 한 것도
아닌데, 괜히 말 한마디 더 건네고 싶고, 나를 조금만 더 알아줬으면
좋겠다는 생각이 든다. 스스로도 왜 이런 마음이 드는지 잘 모르겠
는데, 이상하게 그 순간만큼은 누군가의 이해가 간절해진다. 오늘은
바로 그 마음, 괜히 이해받고 싶어지는 순간에 대해 천천히 이야기를
해보려 한다.

아무 일 없던 하루 끝에 문득 밀려오는 마음

하루를 무난하게 보냈다. 특별히 힘든 일도 없었고, 큰 실수도 없
었다. 그런데 집에 돌아와 조용히 앉아 있으면 갑자기 누군가에게 오
늘 있었던 일을 말하고 싶어진다. 대단한 이야기는 아니지만, "오늘
좀 그런 날이었어"라는 말 정도는 꺼내고 싶다. 이때의 마음은 해결
을 바라는 것도, 조언을 듣고 싶은 것도 아니다. 그저 내 하루가 아

무 의미 없는 시간이 아니었다는 걸 누군가가 알아주길 바라는 마음이다. 이런 순간에 이해받고 싶어지는 건 외로움이라기보다, 하루를 잘 살아냈다는 확인을 받고 싶은 감정에 가깝다.

괜찮다고 말했지만 사실은 그렇지 않을 때

누군가 "괜찮아?"라고 물었을 때, 우리는 습관처럼 "괜찮아"라고 대답한다. 설명하기 귀찮아서일 수도 있고, 굳이 분위기를 무겁게 만들고 싶지 않아서일 수도 있다. 그런데 대답을 하고 나서 마음 한편이 살짝 내려앉는다. 사실은 괜찮지 않았다는 걸 스스로는 알고 있기 때문이다. 이럴 때 괜히 이해받고 싶은 마음이 따라온다. 내가 말하지 않은 그 뒷부분까지 알아주길 바라는 마음이다. 이 마음은 관심을 끌고 싶어서가 아니라, 나 자신을 너무 쉽게 넘기고 싶지 않다는 감정에서 비롯된다.

잘 버티고 있다는 말이 듣고 싶을 때

힘들다는 말을 자주 하지 않는 사람일수록, 이해받고 싶은 순간은 더 조용하게 찾아온다. 스스로에게도 "이 정도는 다들 하잖아"라고 말하며 넘겨왔기 때문이다. 그런데 어느 날 문득, 누군가가 "그래도 너 꽤 잘 버티고 있어"라고 말해주길 바라는 마음이 든다. 이 말 한마디는 상황을 바꾸지 않아도, 문제를 해결해주지 않아도 된다. 다만 지금까지의 나를 부정하지 않아도 된다는 허락처럼 느껴진다. 괜히 이해받고 싶어지는 순간은, 그동안의 노력이 사라지지 않았다는 확인을 받고 싶을 때 찾아온다.

사소한 말에 유독 마음이 쓰일 때

평소라면 그냥 넘길 말도 괜히 마음이 오래 남는 날이 있다. 상대는 가볍게 한 말인데, 그 말이 하루 종일 머릿속을 맴돈다. 이럴 때 우리는 그 말을 곱씹으면서 동시에 이런 생각을 한다. "내 상황을 알면 그런 말 안 했을 텐데." 이 생각 속에는 원망보다 이해에 대한 바람이 숨어 있다. 내가 왜 예민해졌는지, 왜 그 말이 마음에 남았는지를 알아주길 바라는 마음이다. 이 순간의 이해받고 싶음은 나약함이 아니라, 내 감정이 이유 없이 생긴 것이 아니라는 걸 스스로도 확인하고 싶은 마음이다.

설명하고 싶지 않은데 알아줬으면 할 때

어떤 날은 내 마음을 하나하나 설명하고 싶지 않다. 어디서부터 말해야 할지도 모르겠고, 말로 꺼내는 순간 오히려 더 복잡해질 것 같기도 하다. 그런데도 누군가가 "요즘 좀 힘들어 보여"라고 말해주면 마음이 풀어진다. 설명하지 않아도 알아차려준 것 같아서다. 이때의 이해받고 싶음은 의존이 아니라, 나를 계속 증명하지 않아도 된다는 안도감에 가깝다. 늘 설명해야만 이해받을 수 있는 관계가 아니라는 느낌은 생각보다 큰 위로가 된다.

이해받고 싶다는 마음을 부끄러워하지 않아도 되는 이유

　괜히 이해받고 싶어지는 순간을 두고 스스로를 나약하다고 느낄 필요는 없다. 이 마음은 누군가에게 매달리고 싶어서가 아니라, 나의 감정이 사소하지 않다는 걸 스스로 인정하고 싶을 때 나타난다. 모든 순간을 혼자 감당하지 않아도 된다는 신호이기도 하다. 이해받고 싶은 마음이 든다는 건, 아직 사람과의 연결을 포기하지 않았다는 뜻일 수 있다. 그리고 그 연결을 바라는 마음은 고쳐야 할 결함이 아니라, 지켜야 할 감정일지도 모른다.

　괜히 이해받고 싶어지는 순간은 누구에게나 찾아온다. 잘 지내고 있는 것처럼 보여도, 스스로 괜찮다고 말해왔어도, 마음은 가끔 누군가의 온기를 필요로 한다. 이 마음을 애써 밀어내지 않아도 괜찮다. 설명하지 않아도, 완벽하게 정리되지 않아도, 이해받고 싶다는 감정 자체는 이미 충분히 솔직하다. 고치지 않아도 괜찮은 나의 모습들 중에는 이렇게 누군가에게 조용히 알아봐 주길 바라는 마음도 포함되어 있다. 그 마음을 있는 그대로 인정하는 순간, 우리는 스스로에게도 조금 더 친절해질 수 있다.

02

조언보다
공감이 필요한 날

어떤 날은 말을 꺼내는 것 자체가 조심스러워진다. 해결책이 필요해서가 아니라, 마음이 아직 정리되지 않았기 때문이다. 잘해보라는 말도, 방향을 제시해주는 말도 지금의 나에게는 조금 빠르다. 그저 "아, 그런 날이었구나"라는 말 한마디면 충분한 날이 있다. 조언보다 공감이 필요한 날은 그렇게 조용히 찾아온다.

말을 꺼낸 순간 분위기가 달라질 때

용기를 내어 이야기를 시작했는데, 상대의 표정이 갑자기 달라지는 순간이 있다. 걱정해주는 얼굴, 해결책을 찾으려는 눈빛이 동시에 보일 때 마음이 먼저 움츠러든다. 아직 내 얘기는 절반도 끝나지 않았는데, 이미 대화가 결론 쪽으로 흘러가는 느낌이 든다. 이때 우리는 자연스럽게 말을 줄인다. 더 말해도 괜히 상황 설명만 늘어날 것 같아서다. 그러다 보면 정작 말하고 싶었던 감정은 끝내 입 밖으로 나오지 못한다. 이 장면에서 필요한 것은 조언이 아니라, 지금의 마음을 끝까지 말해도 괜찮다는 분위기다. 말이 멈추는 순간, 공감이 얼마나 필요했는지도 함께 멈춰버린다.

이미 충분히 생각한 뒤에 하는 이야기

조언이 부담스럽게 느껴질 때는 대부분 이미 혼자서 많은 생각을 거친 뒤다. 여러 가능성을 떠올려봤고, 무엇이 현실적인지도 어느 정도 알고 있다. 그럼에도 누군가에게 이야기를 꺼내는 이유는 답을 몰라서가 아니라, 그 답을 감당하는 마음이 아직 무겁기 때문이다. 이미 스스로를 설득하느라 지친 상태일 수도 있다. 이런 상태에서 듣는 조언은 도움이 되기보다 압박처럼 느껴질 수 있다. 공감은 판단을 서두르지 않는다. 이미 충분히 고민해왔다는 사실을 인정해주고, 그 과정 자체를 존중해준다.

괜찮아 보이지만 사실은 지쳐 있는 날

겉으로 보면 평소와 다르지 않다. 해야 할 일도 하고, 약속도 지킨다. 하지만 마음은 유난히 예민하고, 작은 일에도 쉽게 흔들린다. 이유 없이 짜증이 나거나, 혼자 있는 시간이 괜히 버겁게 느껴지기도 한다. 이런 날에 "그 정도로 힘들어?"라는 말은 의도와 다르게 상처가 된다. 이미 스스로에게 수없이 "이 정도는 버틸 수 있잖아"라고 말해왔기 때문이다. 공감은 이런 날의 나를 더 강하게 만들려 하지 않는다. 대신 "그동안 꽤 애썼겠다"라는 말로, 잠시 내려놓을 자리를 만들어준다.

내 편이 필요했던 순간

공감이 필요한 날에는 해결사가 아니라 내 편이 필요하다. 상황을
객관적으로 분석해주는 사람보다, 지금의 나를 있는 그대로 두고 봐
주는 사람이 더 간절해진다. "그건 네가 틀린 게 아니야"라는 말보다
"그 상황이면 누구라도 힘들었을 것 같아"라는 말이 마음을 풀어준
다. 누가 옳고 그른지를 가리지 않아도 괜찮다는 느낌이 들기 때문이
다. 이 차이는 크다. 전자는 판단이고, 후자는 동행이다. 공감이 주는
위로는 문제를 없애지 않아도, 혼자가 아니라는 느낌을 남긴다.

조언을 들을 여유가 없는 날도 있다

항상 조언이 싫은 것은 아니다. 다만 어떤 날에는 그 조언을 받아
들일 공간이 없다. 이미 마음이 가득 찬 상태에서 또 다른 기준과 방
향이 들어오면, 오히려 숨이 막힌다. 조언 하나하나가 또 다른 숙제
처럼 느껴질 때도 있다. 이럴 때 공감은 마음의 짐을 더 얹지 않는다.
"지금은 이 정도만 해도 충분해"라는 말은, 더 나아가야 한다는 압
박 대신 잠시 멈출 수 있는 여지를 준다. 조언을 미루고 싶다는 마음
은 회피가 아니라, 지금의 나를 지키려는 선택일 수 있다.

공감이 먼저일 때 마음은 스스로 움직인다

공감이 충분히 쌓이면 마음은 자연스럽게 다음을 생각할 힘을 회

복한다. 억지로 끌어올리지 않아도, 스스로 정리할 여유가 생긴다. "그럴 수 있지"라는 말 한마디는 감정을 키우기보다 흘러가게 만든다. 마음이 머물 공간이 생기면, 생각은 조금씩 가벼워진다. 이때 비로소 조언이 들어올 자리가 생기기도 한다. 그래서 공감은 문제를 키우지 않는다. 오히려 문제를 다룰 수 있는 상태로 마음을 되돌려 놓는다.

조언보다 공감이 필요한 날은 누구에게나 있다. 그날의 나는 고쳐야 할 사람이 아니라, 잠시 이해받아야 할 사람일지도 모른다. 늘 답을 향해 나아가지 않아도 괜찮고, 항상 강할 필요도 없다. 누군가에게서든, 혹은 스스로에게서든 "그럴 수 있어"라는 말을 들을 수 있다면 충분하다. 고치지 않아도 괜찮은 나의 모습들 속에는 이렇게 공감을 먼저 필요로 하는 마음도 분명히 포함되어 있다. 그 마음을 부정하지 않을 때, 우리는 다시 조금 더 편안한 상태로 삶을 이어갈 수 있다.

03

평가받지 않을 때
편안해지는 이유

괜히 숨이 편해지는 순간이 있다. 특별히 잘한 것도, 누군가에게 인정받은 것도 아닌데 마음이 느슨해진다. 그때를 떠올려보면 공통점이 하나 있다. 누군가의 시선에서 잠시 벗어나 있었고, 평가받아야 할 이유가 사라진 상태였다는 점이다. 오늘은 바로 그 순간, 평가받지 않을 때 왜 이렇게 편안해지는지에 대해 천천히 이야기를 해보려 한다.

아무 말도 설명하지 않아도 되는 자리

오랜만에 혼자 있는 시간이나, 친한 사람과 별다른 목적 없이 시간을 보낼 때 마음이 풀어진다. 잘하고 있는지, 제대로 가고 있는지 증명할 필요가 없다. 무엇을 말하든 의미를 만들어야 할 것 같지 않고, 말하지 않아도 어색하지 않다. 이때 우리는 나를 설명하는 역할에서 잠시 내려온다. 평가받지 않는 자리는, 내가 어떤 사람인지 정의하지 않아도 되는 드문 공간이 된다. 그래서 마음은 자연스럽게 숨을 고른다. 그 자리에 있을 때 비로소, 나 자신에게 질문하지 않아도 괜찮아진다.

잘하고 있지 않아도 괜찮은 순간

일상에서는 크고 작은 기준이 늘 따라다닌다. 충분히 잘했는지, 효율적인 선택이었는지, 괜찮은 태도였는지를 스스로 점검한다. 그런데 평가받지 않는 순간에는 이 기준들이 잠시 멀어진다. 오늘의 내가 조금 느려도, 애매해도 그대로 있어도 된다는 느낌이 든다. 이 편안함은 무책임함이 아니라, 늘 긴장 상태였던 마음이 잠시 내려놓는 과정에 가깝다. 잘하지 않아도 괜찮다는 감각은 생각보다 큰 위로가 된다. 그 위로는 다음을 더 잘하기 위한 준비가 아니라, 지금의 나를 허락하는 데서 온다.

말의 무게가 가벼워질 때

평가가 예상되는 자리에서는 말 한마디에도 신경을 쓰게 된다. 어떻게 들릴지, 오해받는 않을지 미리 계산한다. 하지만 평가받지 않는 상황에서는 말의 무게가 달라진다. 완성된 문장이 아니어도 괜찮고, 생각이 정리되지 않아도 된다. 말이 곧 판단으로 돌아오지 않기 때문이다. 이때 우리는 말하면서 스스로를 고치지 않아도 된다는 안도감을 느낀다. 말이 가벼워질수록 마음도 함께 풀린다. 그리고 그 가벼움 속에서 비로소 진짜 생각이 조금씩 모습을 드러낸다.

비교가 멈출 때 생기는 여유

평가에는 늘 비교가 따라온다. 직접적인 비교가 아니더라도, 마음은 자연스럽게 다른 사람을 떠올린다. 평가받지 않는 순간에는 이 비교가 잠시 멈춘다. 남들보다 앞서 있는지, 뒤처졌는지를 따지지 않아도 된다. 오직 지금의 나만 남는다. 이 상태에서 우리는 경쟁자가 아닌 존재로 살아간다. 비교가 사라질 때 생기는 여유는, 성취와는 다른 종류의 안정감을 만든다. 그 안정감은 나를 증명하지 않아도 된다는 데서 나온다.

있는 그대로 있어도 괜찮다는 감각

평가받지 않을 때 편안해지는 이유는 단순하다. 그 순간에는 나를 꾸밀 필요가 없기 때문이다. 더 나아 보이려고 애쓰지 않아도 되고, 부족한 부분을 숨기지 않아도 된다. 지금의 모습이 충분하다는 말이 없어도, 그렇게 있어도 괜찮다는 마음이 자연스럽게 자리 잡는다. 이 마음은 자주 경험하지 못해서 더 소중하다. 그래서 평가 없는 자리는 마음의 휴식처럼 느껴진다. 이 휴식은 아무것도 하지 않는 시간이 아니라, 아무 역할도 하지 않는 시간이다.

평가에서 벗어난 순간이 알려주는 것

평가받지 않는 시간이 편안하게 느껴진다면, 그만큼 평소에 많은 평가 속에 살고 있다는 뜻일지도 모른다. 늘 기준을 의식하며 움직였고, 스스로를 점검하며 하루를 버텨왔다는 의미이기도 하다. 이 사실을 깨닫는 순간, 편안함은 단순한 기분이 아니라 하나의 신호가 된다. 지금의 나에게는 성취보다 회복이 필요하다는 신호일 수 있다. 평가를 잠시 내려놓는 시간이 삶에 꼭 필요하다는 알림이기도 하다. 이 신호를 무시하지 않을 때, 마음은 다시 균형을 찾는다.

평가받지 않을 때 편안해지는 이유는 우리가 약해서가 아니다. 오히려 그동안 충분히 애써왔기 때문이다. 늘 보이고, 설명하고, 증명하며 살아왔던 마음이 잠시 쉬고 싶어 하는 것이다. 고치지 않아도 괜찮은 나의 모습들 속에는 이렇게 평가 없이 존재하고 싶어 하는 마음도 포함되어 있다. 그 마음을 인정해줄 때, 우리는 다시 평가의 세계로 돌아가더라도 조금 덜 지친 상태로 살아갈 수 있다. 평가받지 않는 순간이 편안하다는 사실은, 나에게 휴식이 필요하다는 아주 솔직한 신호다.

나에게도 나를
다독이는 말이 필요하다

괜히 하루가 끝나고 나면 마음이 먼저 지친다. 누가 뭐라고 한 것도 아닌데 스스로를 다그친 말들이 머릿속에 남아 있다. 오늘도 충분히 해냈다는 말 대신, 아쉬운 장면부터 떠올린다. 그래서 어떤 날은 타인의 위로보다, 나에게서 나오는 한 문장이 더 절실해진다. 나에게도 나를 다독이는 말이 필요한 순간은 그렇게 조용히 찾아온다.

아무도 보지 않는 자리에서 나를 대하는 말

혼자 있는 시간에도 우리는 끊임없이 자신에게 말을 건다. 오늘의 선택을 평가하고, 행동을 되짚고, 부족했던 점을 다시 떠올린다. 그 말들이 늘 날카롭다면 혼자 있는 시간조차 편하지 않다. 반대로 "그럴 수 있었어"라는 말이 섞이면 분위기가 달라진다. 나를 다독이는 말은 남에게 들려주기 위한 문장이 아니라, 나 혼자서도 버틸 수 있게 해주는 내부의 온기다. 그 말이 있을 때 혼자는 고립이 아니라 쉼이 된다. 그리고 그 쉼은 다음 하루를 견딜 힘을 조용히 채워준다.

잘해내지 못한 하루를 마주하는 방식

기대한 만큼 해내지 못한 날이 있다. 계획이 어긋났고, 집중도 흐
트러졌고, 결과도 애매하다. 이럴 때 우리는 쉽게 자신에게 실망한다.
하지만 같은 상황에서도 "오늘은 여기까지였어"라고 말해주는 순간
마음의 결이 달라진다. 다독이는 말은 변명을 만들어주지 않는다. 다
만 오늘의 한계를 인정해주고, 내일로 이어질 여지를 남긴다. 그렇게
하루는 실패가 아니라 과정으로 남는다. 이 과정이 반복되면서, 나를
대하는 태도도 조금씩 부드러워진다.

남에게는 쉬운 말이 나에게는 어려운 이유

우리는 타인의 실수에는 관대하다. "그럴 수도 있지"라는 말을 쉽
게 건넨다. 그런데 그 말이 나에게로 향하면 갑자기 인색해진다. 나
에게만 유독 기준이 높아지는 이유는, 더 잘하고 싶다는 마음이 크
기 때문이다. 하지만 다독이는 말은 그 마음을 부정하지 않는다. 오
히려 애쓰고 있다는 사실을 먼저 인정해준다. 그 인정이 있을 때, 나
를 향한 말도 조금 부드러워진다. 나에게도 같은 인간적인 여지를 허
락하게 된다.

마음이 무너질 것 같을 때 붙잡는 한 문장

유난히 흔들리는 날에는 긴 위로보다 짧은 문장이 필요하다. "지

금도 충분히 애썼어"같은 말이 마음을 붙잡아준다. 이 문장은 상황을 바꾸지 않지만, 버틸 수 있는 힘을 준다. 나를 다독이는 말은 문제를 해결하지 않아도 괜찮다고 말해준다. 그저 지금의 나를 이 자리에서 무너지지 않게 붙들어준다. 그래서 그 말은 위로이자 안전망이된다. 이 한 문장이 있느냐 없느냐로 하루의 무게가 달라진다.

다독임이 나약함으로 느껴질 때

스스로를 다독이는 것이 나약해 보일까 걱정될 때가 있다. 더 단단해져야 할 것 같고, 스스로를 채찍질해야 나아갈 것 같기 때문이다. 하지만 늘 몰아붙이는 방식은 오래가지 못한다. 다독이는 말은 포기를 부르는 말이 아니라, 다시 움직일 수 있게 하는 말이다. 잠시 숨을 고르게 해주는 이 말이 있어야, 다음 걸음을 내딛을 힘도 남는다. 다독임은 멈춤이 아니라 회복이다. 그리고 회복은 결국 가장 현실적인 지속력이다.

나에게 건네는 말이 하루를 바꾼다

하루를 마무리하며 어떤 말을 나에게 남기는지는 생각보다 중요하다. 같은 하루라도 "왜 이것밖에 못 했지"로 끝나면 여운이 무겁다. 반대로 "그래도 여기까지 왔어"로 끝나면 마음이 조금 가벼워진다. 나를 다독이는 말은 하루의 의미를 다시 써 내려간다. 그 말 한 줄이 쌓여, 나를 대하는 태도가 된다. 그리고 그 태도는 앞으로의 선택에도 조용히 영향을 준다.

나에게도 나를 다독이는 말이 필요하다는 사실은, 내가 약하다는 증거가 아니다. 오히려 지금까지 충분히 애써왔다는 표시다. 늘 스스로를 밀어붙이며 살아온 마음에게도, 가끔은 괜찮다고 말해줄 사람이 필요하다. 그 사람이 꼭 타인일 필요는 없다. 고치지 않아도 괜찮은 나의 모습들 속에는, 이렇게 스스로를 안아줄 수 있는 마음도 포함되어 있다. 그 말을 허락하는 순간, 우리는 조금 더 오래, 그리고 덜 지치며 나아갈 수 있다.

05

진짜 감정을
인정하는 연습

괜히 마음이 무거운데 이유를 묻기 싫은 날이 있다. 분명 큰일은 없었는데 기분이 가라앉아 있고, 설명하려 들면 더 복잡해질 것 같아 그냥 넘기고 싶어진다. 우리는 이런 순간에 감정을 정리하기보다 애써 지나치는 데 익숙하다. 오늘은 그 지나쳐왔던 마음으로 조심스럽게 돌아가, 진짜 감정을 인정하는 연습에 대해 이야기해보려 한다.

괜찮은 척하며 지나친 하루의 끝

하루를 무난하게 보냈다고 말했지만, 사실은 계속 참고 있었다는 걸 밤이 되어서야 느낀다. 웃어야 할 때 웃었고, 해야 할 말도 했다. 그런데 집에 돌아오면 아무 이유 없이 지친다. 이때 떠오르는 생각은 "이 정도로 힘들어하면 안 되지"같은 말이다. 진짜 감정은 불편함으로 이미 신호를 보냈는데, 우리는 그 신호를 무시한 채 하루를 마무리한다. 감정을 인정하지 않은 하루는 조용히 피로를 남긴다. 그 피로는 몸보다 마음에 먼저 쌓인다. 그리고 그날의 피로는 다음 날의 여유를 조금씩 깎아먹는다.

이 감정이 맞는지 틀리는지 따지던 순간

속상한 일이 있었는데도 "내가 예민한 건가"부터 떠올린다. 화가 났는데도 "그럴 일은 아니잖아"라며 스스로를 설득한다. 감정을 느끼는 즉시 판단이 따라붙는다. 이 감정이 과한지, 합당한지, 설명할 수 있는지부터 점검한다. 하지만 감정은 맞고 틀림의 문제가 아니다. 느껴졌다는 사실만으로 이미 존재한다. 인정은 옳고 그름을 결정하는 일이 아니라, 지금의 상태를 그대로 바라보는 일에 가깝다. 그렇게 바라볼 때 감정은 조금씩 힘을 잃는다. 판단을 멈춘 순간, 감정은 더 이상 방어할 필요가 없어진다.

말로 꺼내지 못한 마음의 이름들

우리는 감정을 정확히 표현하는 데 익숙하지 않다. 그래서 "그냥 좀 그렇다"는 말로 넘긴다. 하지만 그 안에는 서운함, 실망, 외로움, 억울함 같은 여러 감정이 섞여 있다. 이름을 붙이지 못한 감정은 마음속에서 계속 맴돈다. 진짜 감정을 인정하는 연습은, 그 감정에 조심스럽게 이름을 불러주는 일이다. 완벽한 단어가 아니어도 괜찮다. 대충이라도 불러줄 때, 마음은 조금 정리되기 시작한다. 이름을 얻은 감정은 더 이상 막연하지 않다. 막연함이 줄어들수록 감정은 다루기 쉬워진다.

좋지 않은 감정을 밀어내고 싶을 때

불안이나 질투, 짜증 같은 감정은 인정하기 싫다. 그런 감정을 느끼는 나 자신이 마음에 들지 않기 때문이다. 그래서 우리는 애써 긍정적인 생각으로 덮으려 한다. 하지만 밀어낸 감정은 사라지지 않는다. 오히려 다른 모습으로 다시 나타난다. 진짜 감정을 인정하는 건, 그 감정을 좋아하겠다는 뜻이 아니다. 다만 지금 이 감정이 있다는 사실을 부정하지 않겠다는 선택이다. 그 선택이 있을 때, 감정은 더 커지지 않는다. 인정받은 감정은 조용해진다. 조용해진 감정은 나를 방해하지 않고 곁에 머문다.

감정을 인정한다고 해서 무너지지는 않는다

어떤 사람들은 감정을 인정하면 더 약해질까 봐 걱정한다. 한 번 인정하면 감정에 휩쓸릴 것 같아서다. 하지만 실제로는 반대에 가깝다. 인정받은 감정은 생각보다 빨리 가라앉는다. "아, 내가 지금 이런 상태구나"라고 말하는 순간, 감정은 더 이상 소리치지 않아도 된다. 무너지는 것은 감정을 인정해서가 아니라, 계속 외면할 때다. 인정은 감정을 키우는 일이 아니라, 다룰 수 있는 상태로 만드는 일이다. 그래서 인정은 용기에 더 가깝다. 그 용기는 나를 지키는 쪽으로 작용한다.

진짜 감정을 인정하는 작은 연습들

연습은 거창할 필요가 없다. 하루에 한 번, 스스로에게 "오늘 어떤 감정이 제일 컸을까"라고 묻는 것부터 시작해도 된다. 이유를 찾지 않아도 되고, 해결책을 떠올리지 않아도 된다. 그냥 그런 감정이 있었다고 말해주는 것으로 충분하다. 이 작은 인정이 쌓이면, 감정은 더 이상 갑작스럽게 폭발하지 않는다. 조용히 드러났다가, 조용히 지나간다. 그 흐름을 허락하는 것이 연습의 핵심이다. 이 반복이 마음의 안전한 습관이 된다. 그리고 그 습관은 나를 덜 지치게 만든다.

진짜 감정을 인정하는 연습은 나를 더 예민하게 만드는 일이 아니다. 오히려 나를 덜 몰아붙이게 만드는 과정이다. 늘 괜찮은 척, 단단한 척 살아온 마음에게 이제는 솔직해질 기회를 주는 것이다. 고치지 않아도 괜찮은 나의 모습들 속에는, 이렇게 복잡하고 정리되지 않은 감정들도 포함되어 있다. 그 감정을 인정하는 순간, 우리는 조금 더 편안한 상태로 자신과 함께 머물 수 있다. 감정은 숨겨야 할 약점이 아니라, 나를 이해하는 가장 정직한 단서다.

칼 로저스 심리학

우리는 종종 스스로를 고쳐야 할 대상으로 바라본다. 더 잘 말해야 하고, 더 긍정적이어야 하며, 지금 느끼는 감정은 바람직하지 않다고 판단한다. 마음이 힘들다고 말하면 해결책부터 돌아오고, 위로를 기대했는데 조언이 먼저 따라올 때도 있다. 그럴수록 마음은 더 움츠러들고, 설명하기를 멈추게 된다. 이해받기보다 평가받고 있다는 느낌이 들 때, 우리는 자연스럽게 마음의 문을 닫는다. 이런 마음의 움직임을 전혀 다른 방향에서 바라본 사람이 있었다.

칼 로저스는 사람이 변화하기 위해 가장 먼저 필요한 것은 분석이나 조언이 아니라, 판단받지 않는 경험이라고 보았다. 그는 누군가에게 있는 그대로 받아들여진다고 느끼는 순간, 마음이 비로소 긴장을 내려놓는다고 말했다. 고쳐야 할 문제가 많아서 힘든 것이 아니라, 늘 고쳐져야 한다는 시선 속에 놓여 있을 때 마음은 더 지친다는 것이다. 그래서 로저스의 심리학에서 중요한 출발점은 "무엇이 문제인가"가 아니라, "이 마음이 안전하다고 느끼는가"였다.

로저스의 관점에서 공감은 상대를 설득하거나 바꾸기 위한 도구가 아니다. 공감은 지금 느끼는 감정을 옳고 그름으로 가르지 않고, 그대로 이해하려는 태도에 가깝다. 누군가에게서 "그럴 수 있다"는 말을 들을 때, 우리는 설명하지 않아도 되는 안도감을 느낀다. 이때 마음은 방어를 멈추고, 스스로를 조금 더 솔직하게 드러낼 수 있다. 변화는 이 솔직함이 가능해진

이후에야 천천히 시작된다.

우리는 흔히 마음이 힘들 때 스스로를 몰아붙인다. "이 정도로 힘들어하면 안 돼", "이런 감정은 미성숙해"라는 말로 자신을 다그친다. 하지만 로저스는 이런 태도가 오히려 마음을 더 굳게 만든다고 보았다. 감정이 부정당할수록, 마음은 더 숨으려 하고 더 복잡해진다. 반대로 지금의 감정이 이해받고 존중받는 경험을 할 때, 마음은 스스로 정리될 여지를 얻는다. 고치려 애쓰지 않아도, 변화는 자연스럽게 뒤따른다.

로저스가 말한 무조건적 긍정적 존중은 모든 행동을 옳다고 인정하라는 뜻이 아니다. 그것은 어떤 상태에 있든, 그 사람의 존재 자체는 존중받아야 한다는 태도에 가깝다. 이 시선이 있을 때 우리는 비로소 실패한 자신, 흔들리는 자신, 확신 없는 자신을 버리지 않고 바라볼 수 있다. 마음이 회복되는 과정은 더 나은 사람이 되기 이전에, 지금의 나를 적으로 삼지 않는 데서 시작된다.

이 관점에서 보면, 누군가의 조언이 위로가 되지 않는 이유도 이해할 수 있다. 해결책이 틀려서가 아니라, 아직 마음이 받아들여질 준비가 되지 않았기 때문이다. 공감이 먼저 오지 않은 상태에서의 조언은, 아무리 정확해도 부담으로 느껴질 수 있다. 로저스는 변화가 일어나기 위해서는 먼저 "이 상태의 나도 괜찮다"는 감각이 필요하다고 보았다. 그 감각이 생길 때, 우리는 비로소 다른 선택을 고려할 힘을 갖게 된다.

로저스는 사람 안에 스스로를 회복시키는 힘이 이미 존재한다고 믿었다. 그는 이를 특별한 능력이 아니라, 인간이 본래 가지고 있는 성장 경향으로 보았다. 다만 이 힘은 비난과 평가 속에서는 쉽게 움츠러든다. 안전하다고 느끼는 관계, 판단받지 않는 공간, 있는 그대로 말해도 괜찮은 자리에서 이 힘은 다시 살아난다. 그래서 변화는 외부에서 주입되는 것이 아니라, 조건이 마련될 때 안에서부터 움직이기 시작한다.

이 시선에서 보면, 스스로를 다그치며 버텨온 시간들도 전혀 의미 없는 것이 아니다. 다만 그 방식이 너무 오래 지속되었을 뿐이다. 로저스의 심리학은 우리에게 더 이상 자신을 몰아붙이지 않아도 된다고 말한다. 대신 지금의 감정이 왜 이 자리에 왔는지, 어떤 이해를 기다리고 있는지를 살펴보자고 제안한다. 그 과정 자체가 이미 변화의 일부일 수 있다.

칼 로저스의 심리학은 우리에게 완성된 사람이 되라고 요구하지 않는다. 대신 지금의 나도 존중받을 수 있다는 경험이 얼마나 중요한지를 조용히 상기시킨다. 스스로를 고쳐야 할 대상으로만 보지 않고, 이해가 필요한 존재로 바라보는 순간 마음은 한결 부드러워진다. 변화는 다그침이 아니라, 안전하다고 느끼는 자리에서 시작된다는 사실을 이 심리학은 끝까지 놓치지 않는다.

> 칼 로저스는 사람의 마음이 판단받지 않을 때 가장 편안해진다고 보았다. 그는 고치려 애쓰기보다 있는 그대로 이해받는 경험이, 마음을 회복시키는 데 중요한 역할을 한다고 강조했다.

7장

상황이 힘들어도
마음이 완전히 무너지지 않는 이유

01
피할 수 없는
고통 앞에서 드는 생각

피할 수 없는 상황 앞에 서면 마음은 먼저 반응한다. 아직 아무 일도 시작되지 않았는데 이미 생각은 앞서 가 있고, 몸보다 마음이 먼저 지친다. 이 고통을 어떻게 견뎌야 할지, 어디까지 버틸 수 있을지 스스로에게 묻게 된다. 그런데 놀랍게도, 그런 순간에도 마음은 완전히 무너지지 않는다. 오늘은 피할 수 없는 고통 앞에서 우리가 어떤 생각을 거치며 버티게 되는지를 차분히 따라가 보려 한다.

피할 수 없다는 사실을 받아들이는 순간

처음에는 아직 아니라는 생각부터 든다. 아직 다른 방법이 있을 것 같고, 조금만 바꾸면 달라질 수 있을 것 같다는 생각이 든다. 하지만 시간이 지나면서 너 이상 피할 수 없다는 사실이 또렷해진다. 이 순간 마음은 무너지는 대신 멈춘다. 감정이 사라져서가 아니라, 더 이상 헛된 계산을 하지 않게 되기 때문이다. 받아들임은 포기가 아니라, 마음이 불필요한 소모를 줄이기 시작했다는 신호에 가깝다. 이때부터 마음은 버티는 쪽으로 방향을 바꾼다.

왜 이런 일이 나에게 왔는지 떠올릴 때

피할 수 없는 고통 앞에서 사람은 공정함을 떠올린다. 왜 하필 나인지, 내가 뭘 잘못했는지 이유를 찾으려 한다. 이 질문에는 분노와 억울함, 그리고 설명받고 싶은 마음이 섞여 있다. 하지만 이 질문은 오래 머물지 않는다. 답이 쉽게 나오지 않기 때문이다. 시간이 지나면 질문은 조금씩 바뀐다. 왜가 아니라, 이제 어떻게 해야 할지를 생각하게 된다. 질문의 방향이 바뀌는 순간, 마음은 여전히 아프지만 중심을 잃지는 않는다.

고통을 전부 느끼지 않으려는 마음의 조절

사람의 마음은 한 번에 모든 고통을 받아들이지 않는다. 너무 큰 감정은 나누어 처리한다. 그래서 어떤 날은 생각보다 괜찮다가, 또 어떤 날은 작은 자극에도 무너질 것처럼 느껴진다. 이 들쭉날쭉함은 불안정함이 아니라 조절이다. 마음이 스스로를 보호하며 감정의 양을 조절하고 있는 것이다. 이 덕분에 고통은 계속 존재해도 마음 전체가 잠기지는 않는다. 완전히 무너지지 않는 이유는, 마음이 이미 감당 가능한 선을 알고 있기 때문이다.

당장 할 수 있는 것만 보게 되는 시선

상황이 클수록 마음은 자연스럽게 시야를 좁힌다. 먼 미래를 생각하면 더 버거워지기 때문이다. 그래서 오늘 하루, 지금 이 순간에 집중하게 된다. 밥을 먹고, 씻고, 잠을 자는 아주 기본적인 일들에 생각이 머문다. 이 작은 단위의 생각들은 현실을 축소하는 것이 아니라, 살아낼 수 있는 크기로 만드는 방식이다. 마음은 이렇게 고통을 쪼개며 하루를 통과한다. 이 시선 덕분에 우리는 하루하루를 넘길 수 있다.

아픔과 일상이 동시에 존재할 때

고통이 있어도 일상은 완전히 멈추지 않는다. 웃지 않아도 웃는 표정을 짓고, 집중하지 않아도 해야 할 일을 한다. 이 모습이 무감각처럼 보일 수 있지만, 사실은 마음이 균형을 잡고 있다는 증거다. 아픔만 느끼고 살 수 없기 때문에, 일상이라는 틀을 함께 유지하는 것이다. 고통과 일상이 나란히 존재할 수 있을 때, 마음은 한쪽으로 쏠리지 않는다. 이 이중적인 상태가 무너짐을 막는 역할을 한다.

상황 속에서도 남아 있는 작은 선택들

피할 수 없는 상황에서도 모든 선택이 사라지는 것은 아니다. 무엇을 할지는 정해져 있어도, 어떻게 대할지는 남아 있다. 누구에게 이 마음을 털어놓을지, 나 자신에게 얼마나 가혹해질지, 하루를 어떤 말로 마무리할지는 여전히 선택할 수 있다. 이 작은 선택들이 마음을 붙잡는다. 상황을 통제할 수 없을수록, 태도를 선택할 수 있다는 감각은 더 중요해진다. 이 감각이 마음을 완전히 무너지지 않게 하는 마지막 손잡이가 된다.

무너지지 않고 있다는 사실을 나중에 알게 될 때

고통의 한가운데에서는 자신이 버티고 있다는 사실을 잘 느끼지 못한다. 그저 하루를 넘기고 있을 뿐이다. 하지만 시간이 조금 흐른 뒤, 돌아보면 알게 된다. 그 상황 속에서도 나름의 방식으로 견뎌왔다는 사실을. 마음이 완전히 무너지지 않았다는 것은, 특별한 의지가 있어서가 아니라 마음이 이미 스스로를 지키는 방법을 알고 있었기 때문이다. 이 깨달음은 뒤늦게 찾아오지만, 분명한 흔적으로 남는다.

피할 수 없는 고통 앞에서 마음이 완전히 무너지지 않는 이유는, 우리가 강해서가 아니다. 마음이 생각보다 정교하게 작동하기 때문이다. 받아들이고, 질문을 바꾸고, 감정을 나누고, 시선을 좁히고, 일상을 유지하며, 작은 선택을 붙잡는다. 이 모든 과정은 애써 배우지 않아도 자연스럽게 일어난다. 그래서 상황은 힘들어도 마음은 끝까지 형태를 잃지 않는다. 지금도 무너지지 않고 있다는 사실 자체가, 이미 충분히 버티고 있다는 증거다. 버티고 있는 지금의 상태는 결코 우연이 아니라는 점이다.

02

상황보다 나를
더 괴롭히는 마음

같은 상황인데도 어떤 날은 버틸 만하고, 어떤 날은 유난히 마음이 더 힘들게 느껴진다. 일이 더 어려워진 것도, 문제가 갑자기 커진 것도 아닌데 마음이 먼저 지쳐버린다. 이럴 때 우리는 상황을 탓하지만, 조금 들여다보면 실제로 나를 더 괴롭히는 것은 상황 그 자체보다 마음에서 만들어진 생각들일 때가 많다. 오늘은 상황보다 나를 더 괴롭히는 마음이 어떻게 생기고, 그럼에도 왜 마음이 완전히 무너지지는 않는지를 차분히 따라가 보려 한다.

상황보다 먼저 움직이는 생각들

어떤 일이 생기면 마음은 사실보다 먼저 반응한다. 아직 결과가 나오지도 않았는데, 머릿속에서는 이미 최악의 장면이 펼쳐진다. 일이 잘못되면 어떻게 될지, 사람들이 나를 어떻게 볼지, 이 일이 앞으로의 삶에 어떤 영향을 미칠지까지 단번에 뛰어간다. 상황은 하나인데 생각은 여러 갈래로 뻗어나간다. 이때 고통의 크기는 실제 상황보다 생각이 만들어낸 그림에 의해 커진다. 마음이 먼저 앞서 달리기 시작하면, 아직 오지 않은 일까지 미리 겪게 된다.

스스로를 몰아붙이는 내면의 목소리

상황이 힘들 때, 마음속에서는 유독 날카로운 말이 들린다. "이 정도도 못 버티면 안 되지", "다른 사람들은 다 해내는데 왜 너는 이러냐"같은 말이다. 이 말들은 누가 시켜서가 아니라, 스스로에게서 나온다. 상황이 나를 괴롭히는 것처럼 느껴지지만, 사실은 이 내면의 목소리가 고통을 키운다. 문제보다 자신을 먼저 비난하는 순간, 마음은 쉴 틈을 잃는다. 이때 괴로움은 상황이 아니라, 나를 향한 태도에서 깊어진다.

이미 지나간 장면을 계속 붙잡을 때

상황은 이미 지나갔는데 마음은 그 자리에 머문다. 그때 왜 그렇게 말했을까, 다른 선택을 했어야 했을까 하며 같은 장면을 반복해서 떠올린다. 실제로 바꿀 수 있는 것은 아무것도 없지만, 마음은 계속 그 장면을 되감는다. 이 반복은 상황을 해결하지 못하면서도 감정은 계속 소모시킨다. 마음이 과거에 묶여 있을수록 현재의 부담은 더 커진다. 이때 괴로움은 지금의 상황이 아니라, 떠나지 못한 마음에서 생긴다.

상황을 나의 전부처럼 느끼는 순간

어려운 일이 생기면 그 일이 곧 나 자신이 된 것처럼 느껴질 때가 있다. 실패한 사람, 부족한 사람이라는 정체성이 상황과 함께 붙어버린다. 문제는 하나인데, 마음은 그것을 나의 전체로 확장한다. 이 순간 상황은 단순한 사건이 아니라, 나를 설명하는 기준이 된다. 그래서 더 아프다. 하지만 상황은 나의 일부일 뿐, 전부는 아니다. 이 구분이 흐려질수록 마음은 상황보다 스스로에게 더 큰 짐을 지운다.

마음을 통제하려 할수록 더 괴로워질 때

힘든 상황에서 우리는 마음마저 다잡으려 한다. 흔들리면 안 된다고, 긍정적으로 생각해야 한다고 스스로를 몰아붙인다. 하지만 감정을 통제하려는 시도는 오히려 긴장을 키운다. 괴로운 마음이 올라올수록 억누르려 하고, 그럴수록 마음은 더 크게 반발한다. 이때 괴로움은 상황이 아니라, 마음을 허락하지 않는 태도에서 생긴다. 마음은 통제의 대상이 아니라, 지나가도록 두어야 할 흐름에 가깝다.

그럼에도 마음이 완전히 무너지지 않는 이유

이렇게 마음이 스스로를 괴롭히는 순간에도, 이상하게 완전히 무너지지는 않는다. 이유는 마음이 고통을 전부 한꺼번에 받아들이지 않기 때문이다. 생각이 너무 빅자면 잠시 멍해지고, 다른 일에 집중하게 된다. 괴로움 속에서도 일상을 유지하려는 힘이 자연스럽게 작동한다. 이 조절 덕분에 마음은 스스로를 보호한다. 상황보다 마음이 괴롭혀도, 마음은 동시에 자신을 지키는 역할도 함께 한다.

마음을 적으로 만들지 않을 때 생기는 변화

상황보다 마음이 더 힘들다는 사실을 알아차리는 순간, 태도가 조금 달라질 수 있다. 마음을 없애거나 고쳐야 할 대상으로 보지 않게 된다. 왜 이렇게 생각하는지, 왜 이렇게 괴로운지 조심스럽게 바라보게 된다. 이 시선의 변화만으로도 괴로움의 밀도는 달라진다. 마음을 적으로 두지 않을 때, 상황은 여전히 힘들어도 견딜 여지는 생긴다. 마음과 싸우지 않는 것이, 무너지지 않는 가장 현실적인 방법일 수 있다.

상황보다 나를 더 괴롭히는 마음은 약함의 증거가 아니다. 오히려 상황을 어떻게든 이해하고 통제하려는 마음의 시도다. 생각이 앞서가고, 자신을 몰아붙이고, 과거를 붙잡고, 상황을 나의 전부처럼 느끼는 과정은 모두 버티려는 방식에서 나온다. 그래서 마음은 힘들어도 쉽게 부서지지 않는다. 상황이 나를 괴롭히는 것 같을 때, 그 안에서 애쓰고 있는 마음도 함께 보고 있다는 사실이다. 그 마음을 적으로 만들지 않는 순간, 우리는 여전히 힘든 상황 속에서도 완전히 무너지지 않은 자신을 발견하게 된다.

03

선택할 수 없는 것과
남아 있는 선택

어떤 순간에는 선택지가 사라진 것처럼 느껴진다. 이미 벌어진 일, 바꿀 수 없는 조건, 되돌릴 수 없는 결과 앞에서 마음은 막막해진다. 이럴 때 우리는 흔히 "아무것도 할 수 없어"라고 말한다. 그런데 이상하게도, 그런 상황에서도 마음은 완전히 무너지지 않는다. 오늘은 선택할 수 없는 것과, 그럼에도 남아 있는 선택이 어떻게 마음을 지탱하는지를 차분히 따라가 보려 한다.

이미 정해져 버린 것 앞에 멈춰 서는 순간

피할 수 없는 상황에 놓이면 가장 먼저 부딪히는 것은 통제할 수 없다는 사실이다. 결과는 이미 나와 있고, 조건은 주어졌으며, 시간은 되돌릴 수 없다. 이때 마음은 허탈해진다. 애써왔던 노력들이 무력해진 것처럼 느껴지고, 더 이상 선택할 수 있는 게 없다고 생각한다. 하지만 이 멈춤은 끝이 아니라 출발점에 가깝다. 선택할 수 없는 것을 분명히 인식하는 순간, 마음은 비로소 다른 층위의 선택을 바라보기 시작한다.

선택할 수 없다는 사실이 주는 고통

사람을 가장 괴롭게 하는 것은 나쁜 결과 그 자체보다, 내가 아무것도 결정하지 못했다는 느낌일 때가 많다. 억울함, 분노, 허무함이 동시에 올라온다. 왜 이런 상황에 놓였는지 따지고 싶어지고, 누군가를 탓하고 싶어진다. 이 고통은 자연스럽다. 선택권을 잃었다고 느낄 때, 마음은 위협을 받았다고 인식한다. 하지만 이 단계에 오래 머물수록, 마음은 상황보다 "무력감"에 더 깊이 묶이게 된다.

모든 선택이 사라진 것은 아니라는 깨달음

시간이 조금 지나면 마음은 아주 미세한 차이를 감지한다. 상황 자체는 선택할 수 없지만, 그 상황을 대하는 나의 방식은 아직 남아 있다는 사실이다. 무엇을 느낄지까지 통제할 수는 없지만, 그 감정을 어떻게 다룰지는 조금 다르다. 누구에게 이 이야기를 할지, 혼자 견딜지 도움을 요청할지, 스스로에게 어떤 말을 건넬지는 여전히 선택의 영역이다. 이 깨달음은 작지만, 마음을 다시 세우는 첫 단서가 된다.

태도를 선택할 수 있다는 감각

같은 상황에서도 어떤 사람은 스스로를 계속 몰아붙이고, 어떤 사람은 잠시 숨을 고른다. 이 차이는 상황이 아니라 태도에서 나온다. 태도를 선택한다는 것은 긍정적으로 생각하라는 뜻이 아니다. 다만 지금의 나에게 조금 덜 가혹한 방향을 고를 수 있다는 의미다. 자신을 비난할지, 이해해볼지. 끝까지 혼자 버틸지, 누군가에게 기대볼지. 이 작은 태도의 선택이 마음의 부담을 크게 바꾼다.

반응을 고를 수 있을 때 생기는 균형

상황은 자동으로 주어지지만, 반응은 자동일 필요가 없다. 처음에는 감정이 먼저 튀어나오고 생각이 뒤따른다. 하지만 시간이 흐르면서 우리는 그 감정에 즉각 휘둘리지 않을 여지를 조금씩 확보한다. 바로 반응하지 않고 잠시 멈추는 것, 지금은 판단을 미루는 것도 하나의 선택이다. 이 멈춤 덕분에 마음은 극단으로 치닫지 않는다. 반응을 고를 수 있다는 사실이, 마음의 균형을 되찾게 한다.

작은 선택들이 마음을 지탱하는 방식

큰 결정을 내릴 수 없는 상황일수록, 아주 사소한 선택들이 중요해진다. 오늘은 일찍 잘지, 조금 더 깨어 있을지. 이 마음을 글로 적을지, 산책으로 풀지. 이런 선택들은 상황을 바꾸지 않는다. 하지만 마음의 방향을 조금씩 조정한다. 통제할 수 없는 세계 속에서도 내가 개입할 수 있는 영역이 남아 있다는 느낌은, 무력감을 잠시하지 않게 한다. 이 작은 선택들이 쌓여 마음을 버티게 만든다.

선택의 여지가 남아 있다는 사실이 주는 힘

완전히 선택권을 잃었다고 느끼는 순간, 마음은 쉽게 무너진다. 반대로 아주 작은 선택이라도 남아 있다는 사실을 인식하는 순간, 마음은 다시 형태를 갖는다. 이 선택들은 상황을 극복하기 위한 도구라기보다, 마음을 지키기 위한 장치에 가깝다. 무엇을 바꿀 수 있는지가 아니라, 어디까지 나를 보호할 수 있는지가 중요해진다. 이 지점에서 마음은 더 이상 상황에만 끌려가지 않는다.

선택할 수 없는 것과 남아 있는 선택을 구분하는 일은, 마음을 단단하게 만드는 특별한 기술이 아니다. 오히려 아주 현실적인 태도에 가깝다. 바꿀 수 없는 것을 붙잡고 자신을 소모하지 않고, 아직 남아 있는 선택에 조용히 시선을 두는 것. 그래서 상황은 여전히 힘들어도 마음은 완전히 무너지지 않는다. 모든 것을 선택할 수 없을 때에도, 마음을 대하는 방식만큼은 여전히 선택할 수 있다는 사실이다. 그 선택이 있는 한, 우리는 끝까지 무너지지 않고 이 시간을 지나갈 수 있다.

04

버티는 힘은
어디에서 오는가

사람들은 흔히 "어떻게 그렇게 버텼어?"라는 말을 쉽게 한다. 하지만 정작 버티고 있는 당사자는 그 질문에 선뜻 답하지 못한다. 특별한 각오를 다진 것도 아니고, 대단한 의지를 꺼내 쓴 기억도 없기 때문이다. 그저 하루가 지나갔고, 또 하루를 살았을 뿐인데 어느새 여기까지 와 있다. 오늘은 바로 그 지점, 우리가 생각보다 오래 버티게 되는 힘이 어디에서 나오는지를 조용히 들여다보려 한다.

처음부터 강해서 버티는 것은 아니다

버티는 힘은 대개 강함에서 시작되지 않는다. 오히려 처음에는 약해졌다는 느낌이 먼저 찾아온다. 더는 예전처럼 버틸 수 없을 것 같고, 작은 일에도 쉽게 흔들린다. 그런데 이상하게도, 바로 그 약해진 상태에서도 사람은 완전히 멈추지 않는다. 힘이 남아서가 아니라, 멈추지 않도록 몸과 마음이 스스로를 움직이기 때문이다. 버티는 힘은 의지라기보다, 무너지지 않으려는 생존의 반응에 가깝다.

하루를 넘기는 감각에서 생기는 힘

버티는 힘은 미래를 내다보는 데서 오지 않는다. 오히려 오늘 하루를 넘기는 데 집중할 때 생긴다. 멀리 생각하면 감당할 수 없어지기 때문에, 마음은 자연스럽게 범위를 줄인다. 오늘 해야 할 일 하나, 지금 이 시간을 어떻게 보낼지만 바라본다. 이렇게 쪼개진 시간 속에서 사람은 생각보다 많은 날을 건너간다. 버티는 힘은 장기적인 계획이 아니라, 반복되는 하루의 리듬에서 만들어진다.

무너지지 않기 위해 스스로를 조절하는 마음

사람의 마음은 고통 앞에서 무작정 버티지 않는다. 너무 벅차다고 느껴지면 감정을 잠시 둔화시키고, 필요할 때만 아픔을 꺼낸다. 그래서 어떤 날은 담담한 것 같고, 또 어떤 날은 감정이 한꺼번에 몰려온다. 이 들쭉날쭉함은 불안정이 아니라 조절이다. 마음이 스스로를 보호하며 감당할 수 있는 수준으로 고통을 나누고 있다는 신호다. 이 조절 능력 덕분에 사람은 완전히 무너지지 않는다.

누군가에게 기대지 않아도 이어지는 관계의 흔적

버티는 힘은 항상 누군가의 도움에서만 오지 않는다. 때로는 과거에 나눈 말 한마디, 한 번의 이해받았던 경험이 마음속에 남아 힘이 된다. 지금은 혼자인 것 같아도, 완전히 고립된 상태는 아니다. 누군가에게서 받았던 온기가 기억으로 남아, 혼자일 때도 작게 작동한다. 버티는 힘은 현재의 관계뿐 아니라, 관계의 흔적에서도 자라난다.

완전히 무너지지 않으려는 몸의 역할

마음이 먼저 지칠 때도, 몸은 의외로 자기 역할을 한다. 배가 고프면 먹고, 졸리면 잠을 청한다. 이 기본적인 욕구는 상황이 아무리 힘들어도 계속 작동한다. 이런 반복 덕분에 삶은 끊어지지 않는다. 몸의 리듬은 마음이 너무 깊이 가라앉지 않도록 붙잡아준다. 버티는 힘은 정신적인 각오뿐 아니라, 이렇게 자동적으로 이어지는 몸의 움직임에서도 나온다.

이유를 몰라도 계속 살아지는 순간들

버티는 동안에는 종종 이유를 잃는다. 왜 이렇게까지 해야 하는지, 무엇을 위해 견디는지 알 수 없어진다. 하지만 이유가 사라졌다고 해서 삶이 멈추지는 않는다. 이유 없이도 하루는 흘러가고, 사람은 그 흐름에 몸을 싣는다. 이때의 버팀은 의미에서 나오지 않는다. 그저 살아지는 상태, 계속 이어지는 상태 그 자체에서 힘이 생긴다. 의미는 나중에 돌아보며 붙여도 충분하다.

버티고 있다는 사실을 뒤늦게 알게 될 때

버티는 힘은 그 순간에는 잘 느껴지지 않는다. 그저 힘들고, 지치고, 하루가 길게 느껴질 뿐이다. 하지만 시간이 지나 뒤돌아보면 알게 된다. 그 상황 속에서도 포기하지 않고 여기까지 왔다는 사실을. 특별한 결심 없이도, 수많은 작은 선택과 반복으로 이 시간을 건너왔다는 것을. 버티는 힘은 눈에 보이지 않지만, 분명히 흔적으로 남아 있다.

버티는 힘은 대단한 의지나 강한 마음에서만 나오지 않는다. 하루를 넘기는 힘, 마음의 조절, 관계의 기억, 몸의 리듬, 이유 없는 지속 같은 아주 평범한 요소들에서 생겨난다. 그래서 상황이 아무리 힘들어도 마음은 완전히 무너지지 않는다. 지금까지 버텨온 과정 자체가 이미 충분한 힘의 증거라는 점이다. 스스로 대단하다고 느끼지 못하더라도, 여기까지 와 있다는 사실만으로도 당신의 마음은 이미 제 역할을 해내고 있다.

의미를 붙이는 순간
달라지는 태도

어떤 상황은 그 자체로는 아무 말도 하지 않는다. 그저 힘들고, 버겁고, 지나가기 어려울 뿐이다. 그런데 시간이 조금 흐른 뒤, 같은 일을 떠올리며 전혀 다른 감정을 느끼는 순간이 온다. 상황이 바뀌어서가 아니라, 그 상황을 바라보는 태도가 달라졌기 때문이다. 오늘은 의미를 붙이는 순간, 마음의 태도가 어떻게 달라지고, 그래서 상황이 힘들어도 마음이 완전히 무너지지 않는지를 차분히 이야기해보려 한다.

의미가 없을 때 고통은 더 크게 느껴진다

힘든 일이 의미 없이 느껴질 때, 고통은 유난히 날것처럼 다가온다. 왜 이런 일을 겪어야 하는지, 이 시간이 무엇을 남길지 알 수 없을 때 마음은 방향을 잃는다. 이때 고통은 단순한 사건이 아니라, 끝없이 이어질 것 같은 부담으로 느껴진다. 의미가 없는 고통은 설명할 수 없고, 설명할 수 없는 고통은 마음을 쉽게 지치게 만든다. 그래서 상황보다 "아무 의미도 없다"는 생각이 마음을 더 괴롭힌다.

의미를 찾으려 애쓰지 않아도 되는 이유

의미를 붙인다고 하면, 많은 사람들은 거창한 깨달음을 떠올린다. 이 고통이 나를 성장시켰다거나, 반드시 좋은 결과로 이어질 것이라는 이야기 말이다. 하지만 그런 의미는 쉽게 나오지 않는다. 억지로 의미를 찾으려 하면 오히려 상황이 더 왜곡된다. 의미는 애써 만들어 내는 것이 아니라, 시간이 흐르며 자연스럽게 붙여지는 경우가 많다. 지금 당장 의미를 알지 못해도 괜찮다는 태도 자체가, 마음을 덜 몰아붙이게 한다.

작은 해석이 태도를 바꾸는 순간

의미는 반드시 크지 않아도 된다. "이 시간은 나를 멈추게 했다", "적어도 무엇이 중요한지는 다시 보게 됐다"같은 아주 작은 해석도 충분하다. 상황은 여전히 힘들지만, 그 상황이 전부가 아니라는 감각이 생긴다. 이때 태도가 달라진다. 상황과 싸우기보다는, 그 안에서 숨을 고를 여지가 생긴다. 의미는 상황을 미화하지 않으면서도, 마음이 완전히 꺾이지 않도록 지탱하는 역할을 한다.

의미는 방향을 다시 세우는 기준이 된다

힘든 상황에서는 무엇을 기준으로 살아야 할지 헷갈린다. 예전의 목표나 계획은 더 이상 맞지 않을 수도 있다. 이때 의미는 새로운 기준이 된다. 무엇을 우선할지, 무엇을 잠시 내려놓을지 결정하는 기준 말이다. 의미가 붙는 순간, 행동의 방향이 조금씩 달라진다. 더 빨리 벗어나려 애쓰기보다, 덜 상처받는 쪽을 선택하게 된다. 의미는 해결책이 아니라, 태도를 조정하는 나침반에 가깝다.

같은 상황을 다르게 견디는 사람들의 차이

비슷한 상황을 겪었는데도, 어떤 사람은 무너지고 어떤 사람은 끝까지 버틴다. 이 차이는 강함의 문제가 아니다. 그 상황을 어떻게 해석했는지의 차이에 가깝다. "이건 나를 증명해야 하는 시험"이라고 느끼는 사람과, "이건 그냥 지나가는 한 시기"라고 느끼는 사람의 태도는 다를 수밖에 없다. 의미는 상황을 고정시키지 않는다. 오히려 상황을 시간 속에 위치시키며, 지금의 고통이 전부가 아니라는 여지를 남긴다.

의미를 붙이는 방식은 계속 바뀔 수 있다

처음에 붙였던 의미가 나중에는 달라질 수도 있다. 그때는 버티기 위해 붙였던 의미가, 시간이 지나면 다른 해석으로 바뀐다. 이 변화는 실패가 아니다. 오히려 마음이 상황을 소화해가고 있다는 신호다. 의미는 고정된 결론이 아니라, 그때그때 마음이 살아가기 위해 선택하는 해석이다. 그래서 의미를 붙이는 과정은 유연할수록 좋다. 한가지 해석에 자신을 가두지 않을 때, 마음은 더 오래 버틴다.

의미가 태도를 바꾸고, 태도가 하루를 바꾼다

의미가 붙는 순간, 태도는 조금 느슨해진다. 상황을 통제하지 못해도, 나를 대하는 방식은 달라진다. 덜 자책하고, 조금 더 숨을 고른다. 이 작은 변화가 하루의 결을 바꾼다. 같은 하루라도 의미 없이 버티는 하루와, 의미를 살짝 얹은 하루는 다르게 남는다. 의미는 상황을 없애지 않지만, 그 상황을 통과하는 마음의 속도를 조절한다.

상황이 힘들어도 마음이 완전히 무너지지 않는 이유는, 우리가 언젠가 그 상황에 의미를 붙일 수 있기 때문이다. 그 의미는 지금 당장 명확하지 않아도 되고, 나중에 바뀌어도 상관없다. 중요한 것은 고통을 그대로 방치하지 않고, 마음이 붙잡을 수 있는 해석을 하나쯤 남겨두는 일이다. 의미는 고통을 정당화하기 위한 장치가 아니라, 마음이 끝까지 버틸 수 있도록 태도를 바꿔주는 조용한 힘이라는 점이다. 그 힘이 있기에, 우리는 힘든 상황 속에서도 완전히 무너지지 않은 채 이 시간을 지나간다.

빅터 프랭클 심리학

살다 보면 피할 수 없는 고통 앞에 서는 순간이 있다. 아무리 노력해도 상황이 바뀌지 않고, 선택지가 거의 남아 있지 않다고 느껴질 때 마음은 쉽게 무너진다. 왜 나에게 이런 일이 생겼는지, 여기서 더 버틸 수 있을지 스스로에게 묻게 된다. 이런 순간에 우리는 흔히 마음이 약해졌다고 생각하거나, 긍정적으로 생각하지 못하는 자신을 탓한다. 하지만 이 절망의 순간을 전혀 다른 방향에서 바라본 사람이 있었다.

빅터 프랭클은 인간이 어떤 상황에서도 완전히 빼앗기지 않는 것이 하나 있다고 보았다. 그것은 태도를 선택할 자유였다. 그는 고통을 없앨 수 없는 순간에도, 그 고통을 대하는 태도만큼은 스스로 선택할 수 있다고 말했다. 상황이 바뀌지 않는다고 해서, 마음까지 모두 상황에 맡겨야 하는 것은 아니라는 것이다. 이 관점은 고통을 가볍게 여기거나 참아내라는 말이 아니다. 오히려 고통을 있는 그대로 인정한 뒤, 그 안에서 내가 어떤 태도를 취할 것인지를 다시 묻는 시선에 가깝다.

프랭클의 심리학에서 중요한 것은 고통의 크기가 아니다. 그는 같은 상황에서도 사람마다 무너지는 지점이 다르다는 사실에 주목했다. 그 차이를 만드는 것은 성격이나 의지력이 아니라, 그 상황에 의미를 붙일 수 있는지의 여부라고 보았다. 의미가 완성된 답일 필요는 없다. 다만 "이 상황에서도 내가 지킬 수 있는 것이 무엇인가"라는 질문이 남아 있는지가 중요하다. 우리는 흔히 고통이 사라져야 의미를 찾을 수 있다고 생각한다. 상황이 나아지면, 문제가 해결되면 그때 마음도 회복될 거라 믿는다. 하지만 프랭클은 이 순서를 뒤집어 보았다. 그는 의미가 먼저 생길 때, 고통을 견딜 수 있는 힘도 함께 생긴다고 보았다. 의미는 고통을 정당화하는 설명이 아니라, 그 시간을 지나갈 수 있게 만드는 내적인 버팀목에 가깝다.

프랭클은 의미를 거창한 목표나 위대한 사명으로 한정하지 않았다. 누군가를 끝까지 포기하지 않는 선택, 하루를 무너진 채로 끝내지 않겠다는 다짐, 지금의 나를 완전히 부정하지 않겠다는 태도 역시 충분한 의미가 될 수 있다고 보았다. 의미는 멀리 있는 답이 아니라, 지금의 상황에서 내가 어떤 책임을 질 수 있는지를 묻는 질문에 가깝다.

이때 프랭클이 말한 책임은 무거운 의무가 아니다. 그것은 "이 상황에서 내가 어떤 사람이 될 것인가"에 대한 선택에 가깝다. 상황을 바꿀 수 없더라도, 나의 태도까지 빼앗길 필요는 없다는 믿음이 그 바탕에 있다. 그래서 프랭클의 심리학은 고통을 없애는 방법을 알려주기보다, 고통 속에서도 인간의 존엄이 어떻게 지켜질 수 있는지를 묻는다.

우리는 종종 상황이 힘들 때 스스로를 무력한 존재로 느낀다. 선택지가 없다고 생각하고, 모든 것이 이미 결정되었다고 여긴다. 하지만 프랭클은 마지막 순간까지도 인간에게는 선택이 남아 있다고 보았다. 그 선택은 크지 않을 수 있다. 다만 지금의 상황을 대하는 태도, 타인에게 건네는 한마디, 스스로를 대하는 방식 같은 작은 선택들이 모여 마음의 방향을 결정한다.

빅터 프랭클의 심리학은 고통을 미화하지 않는다. 그는 고통이 괴롭고, 부당하며, 피할 수 있다면 피해야 할 것이라는 사실을 분명히 인정했다. 그럼에도 불구하고 고통이 이미 주어진 상황이라면, 그 시간을 완전히 의미 없는 공백으로 남겨두지 않을 수 있다고 말한다. 이 말은 희망을 강요하는 위로가 아니라, 인간에 대한 깊은 신뢰에 가깝다.

상황이 힘든데도 마음이 완전히 무너지지 않았다면, 그것은 내가 강해서가 아니라 아직 삶과의 연결이 남아 있기 때문일 수 있다. 프랭클의 시선은 우리에게 묻는다. "이 순간에도 내가 지키고 싶은 태도는 무엇인가." 이 질문을 붙잡고 있는 한, 우리는 고통 속에서도 완전히 길을 잃지 않을 수 있다.

빅터 프랭클은 고통이 사라져야 삶이 이어진다고 보지 않았다. 그는 상황을 바꿀 수 없을 때에도, 그 상황을 대하는 태도와 의미는 여전히 선택할 수 있다고 말했다.

8장

우리는 왜
자꾸 잘못된 생각을 믿을까

01

첫 느낌이
틀릴 때가 많은 이유

아침에 눈을 뜨고 휴대폰을 확인하는 순간부터 우리는 수많은 판단을 한다. 이 사람의 말투는 왜 저럴까, 저 소식은 왠지 불길한데, 오늘 하루도 쉽지 않을 것 같다는 생각까지 순식간에 이어진다. 아직 아무 일도 벌어지지 않았는데 마음은 이미 결론을 향해 달려간다. 첫 느낌은 빠르고 편하지만, 그만큼 쉽게 믿어버리기도 한다. 오늘은 우리가 왜 그렇게 자주 첫 느낌을 사실처럼 받아들이는지, 그리고 그 믿음이 어떻게 만들어지는지를 차분히 따라가 보려 한다.

첫 느낌은 왜 이렇게 빨리 떠오를까

어떤 상황을 마주하면 생각보다 훨씬 빠르게 느낌이 앞선다. 누군가의 표정, 말투, 짧은 문장 하나만으로도 마음은 이미 판단을 끝낸다. 이 속도는 우리를 보호하기 위한 것이기도 하다. 오래 고민하지 않아도 위험을 피하고, 빠르게 반응하도록 돕는다. 그래서 첫 느낌은 늘 확신에 차 있다. 하지만 빠르다는 이유만으로 정확하다고 보기는 어렵다. 빠르게 만들어진 판단은 그만큼 많은 정보를 생략한 상태일 수 있다.

익숙함이 판단을 대신할 때

첫 느낌이 자주 틀리는 이유 중 하나는, 우리가 이미 알고 있다고 느끼는 것에 쉽게 기대기 때문이다. 비슷한 상황을 예전에 겪었다는 이유로, 이번에도 같을 거라고 생각한다. 예전에 불편했던 사람과 닮은 말투를 들으면, 그 사람도 불편할 거라 단정한다. 익숙함은 생각을 덜 쓰게 해주지만, 동시에 새로운 가능성을 닫아버린다. 그래서 첫 느낌은 새로움을 보기보다, 과거의 기억을 반복하는 경우가 많다.

감정이 먼저 도착하는 순간

첫 느낌에는 감정이 깊게 섞여 있다. 불안한 상태에서는 중립적인 말도 위협처럼 들리고, 지친 날에는 작은 일도 크게 느껴진다. 이때의 판단은 상황보다 내 상태를 더 많이 반영한다. 하지만 우리는 그 차이를 잘 구분하지 못한다. 그래서 "뭔가 이상해"라는 느낌을 상황의 문제로 받아들인다. 사실은 마음이 먼저 반응했을 뿐일 수도 있다. 감정이 앞서 있을 때 첫 느낌은 특히 쉽게 왜곡된다.

첫 느낌을 확인할 시간은 거의 없다

우리는 보통 첫 느낌을 점검하지 않는다. 너무 자연스럽게 떠오르기 때문이다. 그 느낌이 맞는지, 다른 해석은 없는지 확인하기 전에 이미 다음 생각으로 넘어간다. 바쁜 일상에서는 더 그렇다. 빠른 판단이 효율적으로 느껴지기 때문이다. 하지만 확인하지 않은 첫 느낌은 사실처럼 굳어진다. 이렇게 굳어진 생각은 나중에 다른 정보가 들어와도 쉽게 바뀌지 않는다. 틀린 첫 느낌이 오래 남는 이유다.

첫 느낌이 나를 지키는 방식일 수도 있다

그렇다고 첫 느낌이 항상 나쁜 것은 아니다. 때로는 상처받지 않기 위해, 더 복잡해지지 않기 위해 마음이 먼저 결론을 내리기도 한다. 기대하지 않으면 덜 실망하고, 미리 조심하면 덜 아플 수 있기 때문이다. 이런 경우 첫 느낌은 나를 보호하려는 시도에 가깝다. 문제는 그 보호가 필요 없는 상황에서도 자동으로 작동할 때다. 그럴 때 첫 느낌은 현실보다 마음의 방어를 더 크게 반영한다.

조금만 늦추면 달라지는 장면들

첫 느낌이 떠오른 뒤 아주 잠깐만 시간을 벌어도 상황은 달라질 수 있다. 바로 반응하지 않고, 한 문장만 더 듣거나 한 번 더 생각해 보는 것이다. 그러면 처음 보이지 않던 맥락이 드러난다. 말투 뒤에 숨은 긴장, 표정 뒤에 있던 사정이 보이기도 한다. 첫 느낌이 틀렸다는 확신이 아니라, 그럴 수도 있다는 여지가 생긴다. 이 여지가 생기는 순간, 생각은 훨씬 부드러워진다.

첫 느낌을 의심하는 것이 나를 의심하는 건 아니다

첫 느낌을 다시 바라보는 것은 스스로를 부정하는 일이 아니다. 오히려 내 마음이 어떻게 반응하는지를 이해하는 과정에 가깝다. "내가 틀렸어"가 아니라 "내가 이렇게 느낄 수는 있겠구나"라고 말해주는 것이다. 이 태도는 생각을 유연하게 만든다. 첫 느낌을 사실로 고정하지 않을 때, 우리는 잘못된 생각에 덜 휘둘린다. 생각을 의심하는 것이 아니라, 생각과 나 사이에 여백을 두는 연습이다.

첫 느낌이 자주 틀리는 이유는 우리가 부족해서가 아니다. 마음이 빠르게 반응하도록 만들어져 있기 때문이다. 익숙함에 기대고, 감정에 영향을 받고, 확인할 틈 없이 판단을 굳힌다. 하지만 첫 느낌을 조금만 늦추고, 그럴 수도 있다는 여지를 남길 수 있다면 생각은 달라진다. 첫 느낌을 믿지 말라는 것이 아니라, 첫 느낌만 믿지 않아도 괜찮다는 것이다. 그 여유가 생길 때, 우리는 잘못된 생각에 덜 끌려가며 조금 더 편안한 판단을 할 수 있게 된다.

02
생각은
빠를수록 정확할까

우리는 종종 빠르게 판단하는 사람을 똑똑하다고 느낀다. 질문에 망설임 없이 답하고, 상황을 단번에 정리하는 모습은 능숙해 보인다. 그래서 생각이 느린 순간에는 괜히 뒤처진 느낌이 들기도 한다. 하지만 하루를 돌아보면, 가장 빨리 내린 판단이 꼭 가장 정확했던 것은 아니다. 오늘은 생각이 빠를수록 정말 정확해지는지, 그리고 왜 우리는 빠른 생각을 쉽게 믿게 되는지를 일상의 장면을 따라 천천히 살펴보려 한다.

빠른 생각이 편안하게 느껴지는 이유

빠른 생각은 머리를 덜 쓰는 것처럼 느껴진다. 고민하지 않아도 답이 나오는 순간에는 마음이 가볍다. 특히 선택지가 많거나 상황이 복잡할수록, 빨리 결론을 내리면 불안이 줄어든다. "이게 맞아"라고 정하는 순간, 더 이상 흔들리지 않아도 되기 때문이다. 그래서 빠른 생각은 정확해서라기보다, 마음을 안정시키는 역할을 먼저 한다. 이 편안함 때문에 우리는 빠른 판단을 신뢰하게 된다.

익숙한 방식이 정답처럼 보일 때

생각이 빠를 때는 대부분 익숙한 경로를 따른다. 예전에 비슷한 상황에서 써먹었던 방식, 늘 해오던 선택이 자동으로 떠오른다. 예를 들어, 누군가의 말이 조금 날카롭게 들리면 "저 사람은 원래 저래"라고 바로 결론을 내린다. 이런 판단은 빠르지만, 새로운 정보를 거의 반영하지 않는다. 익숙함은 속도를 높여주지만, 정확도를 보장하지는 않는다. 그럼에도 우리는 익숙한 생각을 정답처럼 받아들이기 쉽다.

빠른 생각에는 빠진 정보가 많다

생각이 빠르다는 것은 곧 많은 정보를 건너뛴다는 뜻이기도 하다. 상황의 맥락, 상대의 사정, 나 자신의 컨디션 같은 요소들이 빠진 채 결론이 만들어진다. 그래서 빠른 생각은 단순하다. 단순하기 때문에 확신이 생긴다. 하지만 단순함은 종종 왜곡으로 이어진다. 나중에 더 많은 정보를 알게 되면 "그때는 왜 몰랐지"라는 말이 나오지만, 이미 첫 판단은 마음에 남아 있다.

속도가 필요한 순간도 분명히 있다

그렇다고 느린 생각만이 옳다는 뜻은 아니다. 위험을 피하거나 즉각적인 반응이 필요한 상황에서는 빠른 판단이 도움이 된다. 길을 건

너다 갑자기 차가 다가올 때, 오래 생각할 여유는 없다. 이런 경우 빠른 생각은 생존과 직결된다. 문제는 모든 상황에 이 방식을 적용할 때다. 관계나 감정, 장기적인 선택까지도 빠르게 판단하려 들면, 생각은 상황을 따라가지 못한다. 속도가 필요한 순간과 아닌 순간을 구분하지 못할 때 오해가 생긴다.

생각은 속도보다 방향이다

생각이 느리다고 해서 곧바로 명확해지는 것은 아니다. 같은 생각을 반복하며 맴도는 경우도 많다. 결정을 미루는 동안 불안만 커지고, 오히려 판단은 흐려질 수 있다. 그래서 중요한 것은 속도 자체가 아니라, 생각의 방향이다. 빠르든 느리든, 한 가지 해석에만 갇혀 있다면 정확해지기 어렵다. 속도를 조절하며 다른 가능성을 잠시라도 떠올릴 수 있을 때, 생각은 조금 더 균형을 갖게 된다.

속도를 늦추는 작은 틈이 주는 변화

생각이 떠오른 직후 아주 짧은 틈을 두는 것만으로도 판단은 달라질 수 있다. "혹시 다른 이유는 없을까", "지금 내 상태가 이 판단에 영향을 준 건 아닐까"같은 질문 하나만 추가해도 충분하다. 이 질문은 결론을 뒤집기 위한 것이 아니라, 생각에 여유를 주기 위한 장치다. 그럴 수 있다는 가능성이 생기는 순간, 빠른 생각은 절대적인 답이 아니라 하나의 해석이 된다. 이 변화는 생각을 덜 날카롭게 만든다.

생각이 빠를수록 정확할 수 있다는 믿음은 절반만 맞다. 빠른 생각은 우리를 보호하고 불안을 줄여주지만, 많은 것을 생략한 채 만들어진다. 그래서 정확하기보다는 편안한 경우가 더 많다. 빠른 생각을 버리라는 것이 아니다. 다만 빠른 생각이 전부일 필요는 없다는 점이다. 속도를 조금만 조절해도, 생각은 훨씬 부드러워지고 오해는 줄어든다. 빠른 생각과 느린 생각 사이에서 균형을 잡을 수 있을 때, 우리는 잘못된 생각을 덜 믿고 조금 더 나에게 맞는 판단을 할 수 있게 된다.

감정이
판단을 앞지를 때

어떤 날은 같은 말을 들어도 유난히 날카롭게 꽂히고, 어떤 날은 대수롭지 않게 흘려보낸다. 상황은 크게 다르지 않은데 반응은 전혀 다르다. 그 차이를 만들어내는 건 대개 판단보다 먼저 움직인 감정이다. 우리는 이 감정을 충분히 인식하기도 전에 생각을 시작하고, 그 생각을 사실처럼 믿어버린다. 오늘은 감정이 판단을 앞지를 때 어떤 일이 벌어지는지, 그리고 그 흐름이 왜 그렇게 자연스럽게 느껴지는지를 천천히 따라가 보려 한다.

기분이 판단의 출발점이 될 때

아침부터 괜히 기분이 가라앉은 날이 있다. 이유를 딱 집어 말할 수는 없지만, 몸도 마음도 무겁다. 이런 상태에서 들은 말은 평소보다 부정적으로 해석되기 쉽다. 상대는 가볍게 한 말인데, 마음은 그 안에서 숨은 의미를 찾아낸다. 이때 판단은 상황이 아니라 기분에서 출발한다. 감정이 먼저 방향을 정해두고, 생각은 그 방향에 맞는 이유를 뒤따라 붙인다. 그래서 같은 말도 전혀 다르게 들릴 수 있다.

불안이 생각을 급하게 만들 때

불안한 상태에서는 판단이 유난히 빨라진다. 오래 생각할수록 더 걱정이 커질 것 같기 때문이다. 그래서 마음은 서둘러 결론을 낸다. "이건 분명 안 좋은 신호야", "역시 잘 안 될 거야"같은 생각이 순식간에 만들어진다. 이 빠른 판단은 불안을 잠재우기 위한 시도일 수 있다. 빨리 결론을 내리면 더 이상 흔들리지 않아도 될 것 같기 때문이다. 하지만 이렇게 만들어진 판단은 상황보다 불안의 크기를 더 많이 반영한다.

감정에 맞는 정보만 골라보게 되는 순간

감정이 앞서 있을 때 우리는 그 감정에 어울리는 정보만 눈에 띄게 된다. 기분이 우울하면 부정적인 말만 기억에 남고, 화가 나 있으면 상대의 단점만 또렷해진다. 반대되는 정보는 자연스럽게 지나쳐버린다. 이 과정은 의도적이지 않아서 더 설득력이 있다. "내가 이렇게 느끼는 데는 이유가 있겠지"라는 생각이 들기 때문이다. 하지만 이때의 판단은 전체가 아니라, 감정이 허락한 일부만으로 만들어진다.

감정을 사실로 착각하는 이유

감정은 너무 생생해서 사실처럼 느껴진다. 마음이 이렇게 반응하는데, 그게 틀릴 리 없다고 생각한다. 특히 강한 감정일수록 그렇다. 서운함이나 분노, 두려움은 몸의 반응까지 동반하기 때문에 더 확실히게 느껴진다. 그래서 우리는 "느낌이 이렇다"를 "상황이 이렇다"로 쉽게 바꿔 말한다. 하지만 감정은 해석이지, 증거는 아니다. 감정이 앞선 판단은 이 둘을 구분하지 못할 때 만들어진다.

감정이 지나간 뒤에 보이는 다른 해석들

시간이 조금 흐르고 감정이 가라앉으면, 같은 상황을 전혀 다르게 보게 되는 경우가 많다. 그때는 왜 그렇게까지 생각했는지 스스로도 의아해진다. 이 경험은 판단이 얼마나 감정의 영향을 받는지를 보여준다. 처음의 생각이 틀렸다는 의미라기보다, 그때의 감정이 판단의 렌즈가 되었을 뿐일 수 있다. 감정이 지나가면 렌즈도 바뀌고, 해석도 함께 달라진다. 이 변화는 생각이 절대적이지 않다는 사실을 알려준다.

감정을 인정할 때 판단은 늦춰진다

감정이 판단을 앞지를 때 가장 도움이 되는 것은, 그 감정을 없애려 애쓰는 것이 아니라 먼저 인정하는 것이다. "지금 내가 예민하구나", "오늘은 불안이 좀 크네"라고 마음속으로 말해주는 것만으로도 충분하다. 이렇게 감정을 의식하면 판단은 자동으로 한 박자 늦춰진다. 바로 결론을 내리지 않아도 괜찮아진다. 그럴 수 있다는 여지가 생기는 순간, 생각은 감정의 속도에서 조금 벗어난다. 이 틈이 오해를 줄여준다.

감정이 판단을 앞서는 것은 이상한 일이 아니다. 오히려 아주 자연스러운 반응에 가깝다. 문제는 그 판단을 사실로 굳혀버릴 때 생긴다. 감정을 믿지 말라는 것이 아니다. 다만 감정이 먼저 나섰다는 사실을 알아차릴 수 있다면, 판단은 훨씬 부드러워질 수 있다는 점이다. 감정을 인정하고, 판단을 잠시 미루는 것만으로도 생각은 달라진다. 그 여유가 생길 때 우리는 잘못된 생각에 덜 끌려가고, 상황을 조금 더 나에게 맞는 속도로 이해할 수 있게 된다.

04

나도 모르게
반복하는 사고 실수

같은 상황을 몇 번 겪다 보면 생각도 익숙한 길을 따라간다. 이번에도 비슷할 거라는 예감이 들고, 결론은 빠르게 정해진다. 그 생각이 꼭 맞아서라기보다, 이전에도 그렇게 생각해왔기 때문이다. 우리는 이런 과정을 거의 의식하지 못한 채 반복한다. 오늘은 특별히 부정적으로 생각하려 한 것도 아닌데, 결과는 늘 비슷한 방향으로 흘러간다. 우리가 자신도 모르게 되풀이하는 사고의 실수들이 어떻게 만들어지고, 왜 그렇게 자연스럽게 느껴지는지를 일상의 장면 속에서 천천히 들여다보려 한다.

익숙한 생각이 자동으로 튀어나올 때

사고 실수는 대개 자동 반응처럼 나타난다. 누군가의 답장이 늦어지면 "역시 나를 중요하게 생각하지 않는 거야"라는 생각이 먼저 떠오른다. 이전에도 비슷한 경험이 있었고, 그때의 감정이 기억 속에 남아 있기 때문이다. 이렇게 한 번 굳어진 해석은 비슷한 상황에서 거의 반사적으로 반복된다. 이 생각이 맞는지 틀린지 따지기도 전에, 마음은 이미 결론을 내려버린다. 익숙함은 판단을 빠르게 만들지만, 그만큼 새로운 가능성을 밀어낸다.

부분만 보고 전체라고 믿는 순간

우리는 종종 한 장면만으로 전체를 판단한다. 회의에서 한 번 말을 더듬었다는 이유로 "나는 발표에 약한 사람이야"라고 결론짓는다. 그날의 컨디션이나 분위기는 고려되지 않는다. 이렇게 일부만 보고 전체를 설명하려 들 때 사고 실수가 생긴다. 이 방식은 생각을 단순하게 만들어주기 때문에 편하다. 하지만 단순한 설명은 현실의 복잡함을 담아내지 못한다. 그럼에도 우리는 이 설명에 익숙해지면서 스스로를 그 틀 안에 가둔다.

한 번의 실패가 기준이 되어버릴 때

사고 실수는 실패의 기억에서 자주 시작된다. 한 번의 좌절이 강하게 남으면, 이후의 선택에도 영향을 준다. 새로운 기회를 앞두고 "해봤자 또 안 될 거야"라는 생각이 먼저 떠오른다. 실패 자체보다, 그 실패를 어떻게 해석했는지가 문제다. 실패를 경험의 일부로 보지 않고, 나의 능력 전체로 확장해버릴 때 같은 생각은 계속 반복된다. 이 생각은 나를 보호하려는 시도일 수도 있다. 다시 상처받지 않기 위해 미리 포기하는 것이다.

마음이 편한 쪽으로 생각이 기울 때

사고 실수는 항상 나를 괴롭히기 위해서만 생기지 않는다. 오히려 마음을 덜 쓰기 위해 만들어지기도 한다. 복잡하게 고민하는 내신 "원래 사람은 다 그래"라며 상황을 단순화한다. 이 생각은 낭정의 피로를 줄여준다. 하지만 반복될수록 사고는 점점 거칠어진다. 세밀하게 바라보는 능력은 줄어들고, 비슷한 결론만 되풀이된다. 편안함을 주는 생각이 항상 나에게 도움이 되는 것은 아니다.

생각을 의심하지 않게 되는 이유

같은 사고 실수가 반복되면, 그 생각은 점점 사실처럼 느껴진다. 여러 번 떠올랐다는 이유만으로 신뢰도가 높아진다. "늘 이렇게 느껴왔으니까 맞겠지"라는 생각이 생긴다. 이때 우리는 생각을 검토하기보다 받아들인다. 생각이 나라는 느낌과 붙어 있기 때문에, 의심하는 것 자체가 불편해진다. 하지만 자주 떠오른다는 것과 정확하다는 것은 다른 문제다. 이 차이를 놓칠 때 사고 실수는 더 단단해진다.

반복을 알아차리는 순간 생기는 틈

사고 실수에서 벗어나는 첫걸음은 생각을 고치려는 노력이 아니다. "아, 내가 또 이 생각을 하고 있구나"라고 알아차리는 것이다. 판단을 바꾸지 않아도 괜찮다. 반복되고 있다는 사실을 인식하는 것만으로도 생각과 나 사이에는 작은 거리가 생긴다. 그 거리는 생각이 전부가 아니라는 신호가 된다. 그럴 수 있다는 여지가 생기면, 사고 실수는 절대적인 결론이 아니라 하나의 습관으로 보이기 시작한다.

우리가 반복하는 사고 실수는 게으르거나 부정적이어서 생기는 것이 아니다. 마음이 익숙한 길을 따라가며 스스로를 보호하려는 과정에서 자연스럽게 만들어진다. 그래서 이런 생각을 하는 자신을 탓할 필요는 없다. 다만 같은 생각이 계속 반복되고 있다는 사실을 알아차릴 수 있다면, 그 순간부터 선택지는 조금 늘어난다. 생각이 반복된다고 해서 그것이 곧 진실은 아니라는 점이다. 반복되는 사고를 하나의 습관으로 바라볼 수 있을 때, 우리는 잘못된 생각을 덜 믿고 조금 더 여유로운 판단에 가까워질 수 있다.

05

조금 느리게
생각해도 괜찮은 이유

우리는 어릴 때부터 빠른 판단을 칭찬받으며 자라온 경우가 많다. 질문에 즉각 답하고, 상황을 재빨리 파악하는 모습이 능력처럼 보였기 때문이다. 그래서 생각이 늦어지는 순간에는 괜히 뒤처진 것 같고, 머리가 둔해진 것 같은 기분도 든다. 하지만 하루를 돌아보면, 빠르게 내린 판단 때문에 오히려 마음이 더 복잡해진 순간도 적지 않다. 오늘은 생각을 조금 늦춰도 괜찮은 이유를, 일상의 장면 속에서 천천히 짚어보려 한다.

느린 생각은 부족함이 아니라 여유일 수 있다

생각이 느리다는 말에는 종종 부정적인 뉘앙스가 붙는다. 하지만 실제로는 마음이 상황을 충분히 받아들이고 있다는 신호일 수 있다. 바로 결론을 내리지 않는다는 것은, 아직 판단을 열어두고 있다는 뜻이기도 하다. 누군가의 말을 듣고 즉각 반응하지 않고 잠시 머무는 순간, 그 안에는 이해하려는 태도가 숨어 있다. 느린 생각은 능력이 부족해서가 아니라, 마음이 서두르지 않으려는 선택일 수 있다.

빠른 결론이 불안을 잠재울 때

우리가 서둘러 생각을 마무리하는 이유 중 하나는 불안 때문이다. 애매한 상태로 남아 있는 것이 견디기 힘들어서, 빠르게 답을 정해버린다. "아마 이런 뜻이겠지", "이건 분명 안 좋은 신호야"같은 생각은 상황을 단순하게 만들어준다. 단순해진 상황은 잠시 마음을 편하게 한다. 하지만 그 편안함은 오래가지 않는다. 충분히 살피지 않은 판단은 나중에 다시 흔들리기 쉽다.

관계에서는 느린 생각이 오해를 줄인다

사람 사이에서 빠른 판단은 특히 오해를 낳기 쉽다. 상대의 표정이나 말투를 보고 바로 의미를 정해버리면, 그 해석은 쉽게 굳어진다. 하지만 관계 속에는 말로 드러나지 않은 맥락이 많다. 상대의 하루, 감정 상태, 표현 방식은 모두 다르다. 생각을 조금 늦추면 "그럴 수도 있겠다"는 여지가 생긴다. 이 여지는 관계를 부드럽게 만들고, 불필요한 상처를 줄여준다.

느리게 생각하면 감정과 거리가 생긴다

감정이 강할수록 판단은 빨라진다. 화가 나 있거나 서운할 때는,

그 감정에 맞는 결론이 즉각 떠오른다. 이때 생각을 늦춘다는 것은 감정을 무시하는 것이 아니다. 오히려 감정을 그대로 느끼면서도, 그 것이 곧 판단이 되지 않게 하는 것이다. 감정과 생각 사이에 아주 짧은 틈이 생기면, 판단은 조금 덜 날카로워진다. 그 틈 덕분에 말과 행동도 달라질 수 있다.

완벽한 판단을 내려야 한다는 압박에서 벗어날 때

우리는 종종 한 번의 판단으로 모든 것을 결정해야 한다고 느낀다. 그래서 더 빨리, 더 정확하게 생각하려 애쓴다. 하지만 많은 판단은 나중에 수정될 수 있다. 처음부터 완벽할 필요는 없다. 느리게 생각한다는 것은, 틀릴 가능성을 허용하는 태도이기도 하다. 이 태도는 생각을 가볍게 만들고, 판단에 대한 부담을 줄여준다. 부담이 줄어들면 생각은 오히려 더 유연해진다.

생각의 속도를 선택할 수 있다는 감각

생각은 항상 같은 속도로 흘러갈 필요가 없다. 상황에 따라 빠를 수도, 느릴 수도 있다. 중요한 것은 그 속도를 내가 선택하고 있다는 감각이다. 자동으로 튀어나오는 생각에 끌려가기보다, 잠시 멈춰볼 수 있다는 느낌만으로도 마음은 안정된다. 느리게 생각해도 괜찮다는 허락을 스스로에게 줄 때, 생각은 나를 몰아붙이지 않는다. 그럴 수 있다는 여유가 판단의 질을 바꾼다.

조금 느리게 생각해도 괜찮다는 말은, 더 잘 생각하라는 압박이 아니다. 오히려 생각을 덜 다그쳐도 된다는 이야기다. 빠른 판단이 필요한 순간도 있지만, 모든 순간이 그래야 할 필요는 없다. 생각의 속도를 늦춘다고 해서 삶이 뒤처지지는 않는다는 점이다. 오히려 그 여유 덕분에 우리는 잘못된 생각을 덜 믿고, 나에게 맞는 판단에 조금 더 가까워질 수 있다.

대니얼 카너먼 심리학

우리는 종종 스스로의 판단을 믿지 못한다. 분명 그 순간에는 확신에 찬 선택을 했는데, 시간이 지나 돌아보면 "왜 그때 그렇게 생각했지"라는 의문이 남는다. 첫인상에 끌려 결정을 내리기도 하고, 충분히 검토하지 않았다는 사실을 뒤늦게 깨닫기도 한다. 그럴 때 우리는 쉽게 자신을 탓한다. 성급했고, 감정적이었고, 생각이 부족했다고 말이다. 하지만 이 흔들리는 판단의 과정을 전혀 다른 시선으로 바라본 사람이 있었다.

대니얼 카너먼은 인간의 생각이 하나의 속도로 움직이지 않는다고 보았다. 그는 우리가 사용하는 사고를 크게 두 가지 흐름으로 설명했다. 빠르게 반응하는 생각과, 천천히 숙고하는 생각이다. 빠른 생각은 직관적이고 즉각적이며, 많은 에너지를 쓰지 않는다. 위험을 빠르게 감지하고, 일상적인 결정을 효율적으로 처리하는 데 유용하다. 문제는 이 빠른 생각이 언제나 정확하지는 않다는 점이다.

카너먼의 관점에서 보면, 우리가 첫 느낌을 쉽게 믿는 이유는 게으름 때문이 아니다. 인간의 뇌는 원래 에너지를 아끼도록 설계되어 있다. 그래서 가능한 한 빠른 생각에 맡겨 판단을 끝내려 한다. 천천히 생각하는 과정은 더 많은 주의와 노력이 필요하기 때문이다. 그래서 우리는 충분히 생각하고 싶어 하면서도, 동시에 생각을 최소화하려는 두 가지 욕구 사이에서 움직인다.

이 지점에서 감정의 역할이 드러난다. 카너먼은 감정이 판단 뒤에 따라오는 것이 아니라, 종종 판단보다 먼저 작동한다고 보았다. 어떤 대상이 좋게 느껴지면, 이유를 찾기 전에 이미 마음은 기울어 있다. 불안하거나 불편한 감정이 올라오면, 그 감정에 맞는 이유를 나중에 덧붙인다. 그래서 우리는 논리적으로 설명하고 있다고 느끼지만, 실제로는 감정이 만든 방향을 따라가고 있는 경우가 많다.

이렇게 감정이 앞서고 생각이 뒤따르는 구조 속에서, 우리는 반복적인 사고 실수를 경험한다. 한 번의 실패를 전체 능력으로 확대 해석하거나, 일부 정보만 보고 전체를 판단한다. 이미 내린 결정을 지키기 위해 불리한 정보는 무시하고, 나에게 유리한 증거만 모으기도 한다. 카너먼은 이런 현상을 인간의 결함으로 보지 않았다. 그는 이것이 누구에게나 나타나는 사고의 기본 작동 방식이라고 설명했다.

이 관점에서 보면, 잘못된 생각을 한다는 사실 자체가 이상한 일이 아니다. 오히려 빠른 생각에 의존하며 살아가고 있다는 증거에 가깝다. 문제는 우리가 이 실수를 저지르지 말아야 할 결함으로만 해석할 때 생긴다. "나는 왜 이렇게 비합리적일까"라는 질문은 마음을 더 긴장시키고, 판단을 더 조급하게 만든다.

카너먼은 이런 사고의 함정을 피하기 위한 한 가지 태도를 제안했다. 그것은 조금 느리게 생각하는 선택을 의식적으로 허용하는 것이다. 모든 판단을 깊이 검토하라는 뜻이 아니다. 다만 감정이 강하게 반응한 순간, 첫 판단이 너무 확실하게 느껴질 때만큼은 한 박자 늦추어 보자는 제안에 가깝다. "지금 이 생각은 너무 빠르지 않았을까"라고 스스로에게 묻는 것만으로도, 생각의 방향은 달라질 수 있다.

느리게 생각하는 것은 완벽한 판단을 보장하지 않는다. 하지만 생각의 자동 흐름에서 잠시 벗어나게 해준다. 카너먼의 심리학은 우리에게 늘 옳은 선택을 하라고 요구하지 않는다. 대신 생각이 언제 빠르게 움직였는지를 알아차릴 수 있는 감각을 기르는 것이 중요하다고 말한다. 그 감각이 생기면, 우리는 실수 앞에서도 자신을 덜 몰아붙일 수 있다.

이 시선에서 보면, 생각이 틀렸다는 사실보다 더 중요한 것은 그 생각이 어떤 경로를 통해 만들어졌는지다. 감정이 앞섰는지, 정보가 충분했는지, 너무 빠르게 결론에 도달하지는 않았는지를 돌아보는 태도가 필요하다. 그렇게 생각을 대하면, 판단의 실패는 곧바로 자기비난으로 이어지지 않는다.

대니얼 카너먼의 심리학은 인간이 합리적인 존재라는 환상을 조용히 내려놓게 한다. 우리는 늘 논리적으로 판단하는 존재가 아니라, 감정과 직관, 빠른 생각과 느린 생각 사이를 오가며 살아간다. 이 사실을 인정하는 순간, 생각이 틀렸다는 이유만으로 자신을 무능하게 여기지 않아도 된다.

조금 느리게 생각해도 괜찮다는 말은, 더 잘 생각하라는 명령이 아니다. 그것은 실수할 수 있는 존재로서의 나를 허용하라는 제안에 가깝다. 첫 판단이 항상 정답일 필요는 없고, 생각을 고치는 과정 역시 삶의 일부일 수 있다. 대니얼 카너먼의 심리학은 우리에게 이렇게 말한다. 생각이 완벽하지 않아도, 우리는 충분히 잘 살아가고 있다.

> 대니얼 카너먼은 우리가 자주 틀린 판단을 내리는 이유를 의지 부족이 아니라 사고의 습관에서 찾았다. 그는 빠른 판단이 항상 나쁜 것은 아니지만, 때로는 한 번 더 생각해 볼 여지가 필요하다고 보았다.

생각이 많은 날을 위한 짧은 정리

하루를 보냈을 뿐인데 마음이 오래 남는 날이 있다. 특별한 사건이 있었던 것도 아닌데, 머릿속은 쉽게 조용해지지 않고 이미 지나간 장면들이 다시 떠오른다. 그럴 때 우리는 스스로에게 묻는다. "왜 이렇게 생각이 많아졌을까." 하지만 그 질문은 종종 답을 찾기보다, 마음을 다그치기 위한 말이 되곤 한다.

생각이 많아지는 순간을 우리는 문제처럼 여기기 쉽다. 집중을 못하고 있는 것 같고, 괜히 예민해진 것 같으며, 쓸데없는 감정에 휘둘리고 있다는 느낌이 든다. 그래서 얼른 정리해야 할 것 같고, 빨리 털어내야 할 것처럼 느껴진다. 하지만 생각이 많아졌다는 사실만으로 지금의 내가 잘못된 상태라고 말할 수는 없다.

생각은 아무 이유 없이 늘어나지 않는다. 낮 동안에는 감당해야 했던 역할들이 있고, 참고 넘긴 순간들이 있으며, 애써 괜찮은 얼굴로 지나온 시간들이 있다. 그때는 버티느라 느끼지 못했던 감정들이 하루가 끝난 뒤에야 모습을 드러낸다. 생각이 많아진다는 것은, 마음이 이제야 자기 목소리를 낼 수 있는 시간을 얻었다는 뜻일지도 모른다.

사람은 하루 안에서도 여러 모습으로 살아간다. 상황에 따라 말투가 달라지고, 태도가 바뀌며, 어떤 자리에서는 버티고 어떤 순간에는 풀어진다. 이 모든 모습을 하나의 기준으로 묶어 평가하려 하면 마음은 더 복잡해진다. 하지만 상황에 따라 달라지는 모습은 이상한 것이 아니라, 관계 속에서 살아가고 있다는 자연스러운 흔적일 수 있다.

생각이 많아지는 날에는 비교도 잦아진다. 나도 모르게 다른 사람의 속도와 나를 겹쳐 보게 되고, 괜히 뒤처진 것 같은 기분이 든다. 하지만 비교가 시작됐다는 사실은 지금의 삶을 진지하게 바라보고 있다는 신호일 수도 있다. 마음이 바쁘다는 것은 아직 포기하지 않은 질문이 남아 있다는 뜻이기도 하다.

이럴 때 필요한 것은 완벽한 정리가 아니다. 모든 생각에 답을 붙이거나 감정을 깔끔하게 정리하지 않아도 된다. "오늘은 이만큼 생각이 많아질 수밖에 없는 하루였구나"하고 인정하는 것만으로도 마음의 긴장은 조금 느슨해질 수 있다. 생각을 없애려 하지 않고, 생각과 잠시 같은 자리에 머무는 태도는 생각보다 큰 여유를 만든다.

생각이 많다는 것은 이상한 일이 아니다. 그것은 상황에 반응하고, 관계에 흔들리며, 하루를 살아냈다는 증거일 수 있다. 오늘의 생각이 유난히 많았다면, 그만큼 많은 자리를 지나왔다는 뜻일지도 모른다. 그 사실 하나만으로도, 오늘은 충분히 지나온 하루일 수 있다.

머릿속이 복잡한 당신에게 꼭 해주고 싶은 이야기

생각이 많은 사람을 위한 심리학 수업

초판 1쇄 발행 2026년 2월 20일

지은이 김민식
펴낸이 백광석
펴낸곳 다온길

출판등록 2018년 10월 23일 제2018-000064호
전자우편 baik73@gmail.com

ISBN 979-11-6508-662-6 (03100)

이 책은 저작권법에 따라 보호받는 저작물이므로 무단 전재와 무단 복제를 금지하며,
이 책 내용의 전부 또는 일부를 이용하려면 반드시 저작권자와 다온길의 서면동의를
받아야 합니다.

잘못 만들어진 책은 구입하신 서점에서 교환해 드립니다.
책값은 뒤표지에 있습니다.